MASA MADRE

casera y sencilla

Guía para principiantes para elaborar delicioso pan artesanal
con un amasado mínimo

Recetas y fotografías de

Emilie Raffa

Librero

Título original: *Artisan Sourdough Made Simple*

© 2026 Librero b.v. (edición española)
Hambakenwetering 8B
5231 DC 's-Hertogenbosch
Países Bajos
www.librero.nl

Publicado por primera vez en 2017 por Page Street Publishing Co.
Publicado en colaboración con Page Street Publishing Co

Copyright © 2017 Emilie Raffa
Maquetación: Page Street Publishing Co.
Fotografía: Emilie Raffa
Ilustraciones: Jade Gedeon

Producción de la edición española: deleatur, s. l.
Traducción: Antón Corriente Basús

Distribución exclusiva de la edición española:
Librero IBP S. L.
C/ Paseo de los Olmos, n.º 20
Planta 1.ª, Oficina 7
28005 Madrid, España
www.librero-ibp.es

Printed in Shenzhen, China SDP012026

ISBN: 978-94-6499-254-0

Este libro está dedicado a
quienes seguirán compartiendo
el estimulante viaje de la
masa madre.

Índice

Introducción / 9
Sobre los ingredientes / 12
Sobre los utensilios / 14
Cómo crear un cultivo de masa madre / 16

HORNEA TU PRIMERA HOGAZA / 25

Pan de masa madre básico / 26
Pan de masa madre de alta hidratación / 29
Pasos de la masa madre de un vistazo / 30
Pasos de la masa madre, explicados / 31

HOGAZAS CASERAS DULCES Y SALADAS / 41

Pan con pepitas de chocolate fundido / 42
Pan con eneldo y chédar blanco / 45
Pan con aceitunas, tomillo y parmesano / 47
Pan con calabaza y arándanos rojos / 48
Rollo de canela y pasas / 51
Pan con chocolate y crema de cacahuete / 52
Pan con jalapeño, chédar y cebollino / 55
Pan con ajo asado y romero / 56
Pan con dátiles, nueces y naranja / 59

PANES DE MOLDE / 61

Pan blanco rústico / 62
Pan de trigo integral con miel / 65
Tostadas de frutas y pipas de girasol / 66
Pan de molde multicereales / 69
Brioche ligero y esponjoso / 70
Pan danés de centeno / 73

PANES INTEGRALES Y HARINAS ESPECIALES / 75

Pan de masa madre integral / 76

Pan con linaza dorada y espelta / 79

Pan multicereales potente / 80

Pan de centeno ligero / 83

Pan de pipas de girasol tostadas / 84

Pan de sémola dorada con sésamo / 87

Pumpernickel rústico / 88

FOCACCIA, BOLLOS Y OTRAS DELICIAS / 91

Focaccia básica sin amasar / 92

Focaccia de tomate y albahaca sin amasar / 95

Focaccia croque monsieur rellena con ricota y queso suizo / 96

Pizza de *focaccia* sin amasar con pesto y fontina / 99

Focaccia sin amasar con pepitas de chocolate, queso crema y nutella / 100

Focaccia de Recco / 103

Bollitos separables / 104

Panecillos para todas las ocasiones / 107

Bollos de asiago con manzana dulce y romero / 108

Tentempiés de arándanos rojos y nueces pecanas / 111

Pitas fáciles / 112

Minimuffins de masa madre / 115

Bagels de mañana de domingo / 116

Bialys de masa madre con cebolla caramelizada y queso de cabra / 121

Nudos de masa madre con ajo asado y pecorino / 122

Grisines de masa madre crujientes / 125

Colines blandos de sémola con migas mantecosas / 126

Chapata / 129

Baguetes trenzadas / 130

PAN HECHO ARTE / 133

Pan de espiga con camembert / 134

Fougasse casi sin amasar / 137

Trenza de frambuesa con galleta / 138

Nudo de chocolate y caramelo salado / 143

Trenza de espinacas y alcachofas preparada de antemano / 144

RECETAS PARA EL CULTIVO DE MASA MADRE SOBRANTE / 147

Gofres de masa madre con azúcar y canela / 148

Popovers fáciles con mostaza de Dijon y perejil / 151

Galletas de masa madre de lima y requesón / 152

Zeppole de masa madre / 155

Galletas saladas de masa madre con gruyer y tomillo / 156

Galletas de espelta con sésamo para partir / 159

Panes planos de yogur griego / 160

PARA DISFRUTAR CON PAN / 163

Pudín de pan con pasas y ron / 164

Ribollita toscana de entresemana / 167

Panzanella de alcachofas fritas con alcaparras crujientes y menta / 168

Sándwiches abiertos de queso fundido y tomate / 171

Brioche de masa madre con helado / 172

Crostones de *focaccia* con pecorino y eneldo / 175

Ensalada griega ligera y fresca con crostones de *focaccia* / 176

Ensalada de tomate de verano / 179

Salsa de alubias y rúcula para untar / 180

Aceite con ajo, hierbas y limón / 183

Mermeladas rápidas / 184

Mermelada de albaricoque y vainilla / 184

Mermelada de cereza y vinagre balsámico / 184

Técnicas / 187

Lista de fuentes / 196

Agradecimientos / 199

Sobre la autora / 200

Índice / 201

INTRODUCCIÓN

¿Alguna vez te preguntaste cómo hacer pan de masa madre, pero no sabes por dónde empezar? Ahí va un secreto: no hace falta ser panadero profesional, ni un iniciado. El pan de masa madre puede estar al alcance de cualquiera. Solo hacen falta unos pocos ingredientes y utensilios básicos, y yo te guiaré por el resto del camino.

Y a todo esto, ¿qué es el pan de masa madre? En pocas palabras, pan de fermentación lenta. Lo singular es que no necesita levadura comercial para subir, sino que se elabora con un cultivo fermentado vivo, la masa madre, que actúa como agente leudante natural. Si la idea te resulta extraña, no pasa nada, no has perdido la cabeza. A mí antes también me sonaba a proyecto científico loco, pero en realidad se trata de una técnica que se remonta a miles de años atrás, y a todo el largo tiempo anterior a la levadura comercial.

El pan de masa madre es conocido por su sabor delicioso y complejo, y dependiendo de las condiciones en que se preparen el cultivo y la masa, puede ser más o menos ácido. En el hecho en casa no habrá grasas hidrogenadas, jarabe de maíz ni conservantes: es 100 % natural. Como beneficio adicional para la salud, el lento proceso de fermentación descompone las proteínas y enzimas difíciles de digerir que se encuentran en el trigo, por lo que algunas personas sensibles al gluten afirman poder digerir el pan de masa madre sin ningún problema.

Sin embargo, no fue esto lo que me atrajo al pan de masa madre. Llevaba tiempo admirando el exitoso blog australiano *Fig Jam and Lime Cordial*, en el que Celia documentaba su experiencia haciendo pan de masa madre casero. Su estilo era tan accesible que cada vez que leía una de sus entradas, me decía «yo quiero eso, quiero eso que está comiendo». Y no necesariamente se trataba del pan (aunque tenía un aspecto increíble y me moría de ganas de arrancar un trozo de la pantalla del ordenador). Fue su entusiasmo, sincero y contagioso, lo que me atrajo desde el otro lado del mundo. Finalmente, reuní el valor suficiente para ponerme en contacto con ella, lo que marcó el comienzo de una amistad inesperada.

Como te puedes imaginar, casi me caigo de espaldas cuando Celia me preguntó: «Oye cielo, ¿quieres que te envíe un poco de mi masa madre?». A las dos semanas llegó a mi puerta un pequeño sobre con sello de Australia. Dentro había una bolsa de plástico llena de pequeñas escamitas blancas. No tenía ni idea de cómo había pasado la aduana algo con aquel aspecto, pero daba igual. Era Priscilla, la masa madre de Celia.

Una de las primeras cosas que aprendí es que la masa madre se comparte. En el momento de escribir este libro, Priscilla tiene casi diez años y se ha compartido en todo el mundo. Su descendencia está en pequeñas cocinas de Nueva York y los edificios más altos de Dubái, y ha dado lugar a un árbol genealógico de panaderos y nuevas y estrechas amistades. Lo fascinante es que cada uno ha acogido a Priscilla en su hogar, haciendo de ella algo singular en su viaje por la masa madre, y somos la prueba de que cualquiera puede adaptar esta técnica ancestral a la vida actual.

Con mi nuevo cultivo, estaba lista para hacer pan. Reconozco que las primeras hogazas salidas de mi pequeño horno parecían más discos de *hockey* que algo comestible, pero luego mi suerte cambió. De vez en cuando publicaba algunas fotos en internet o en mi blog, *The Clever Carrot*, y mentes curiosas quisieron conocer la fórmula. ¿Fórmula? Que yo supiera, el pan de masa madre era sencillo: va todo a un cuenco, se deja subir toda la noche y a otra cosa. Sin amasar. Darle forma es fácil. Al fin y al cabo, no es más que pan, ¿no?

Naturalmente, la curiosidad me movió a hacer lo peor que se puede hacer: buscar en internet. Me sumergí y no tardé en quedar enredada en una maraña de jerga confusa alrededor de la masa madre. ¿Crear leudantes? ¿Porcentajes panaderos? Cuanto más buscaba, más me daba cuenta de que había un mundo de conocimientos más allá de mi burbuja, todo ello desconcertante, pero que a la vez daba más pie a la curiosidad.

Convencida de que podía hacer un pan mejor, descarté mi fórmula original y di forma a otra nueva. Era más técnica y compleja, y parecía la forma correcta de hacer pan de masa madre, pero lo cierto es que tuvo el efecto contrario. La corteza, antes hermosa y crujiente, salía ahora dura y correosa, y la miga dejaba mucho que desear. Mirando atrás, no había nada malo en aplicar una técnica nueva, salvo por el pequeño detalle de que me fie demasiado de la teoría y perdí contacto con el arte.

Como resultado, tras varios panes fallidos, me rendí. Dejé la masa madre a un lado y me dediqué a atemperar y comer chocolate negro. Sin embargo, durante ese tiempo nunca dejé de pensar en la masa madre. Publiqué un tutorial en mi blog, «Pan de masa madre: guía para principiantes», porque en aquel momento no existía ninguna guía de referencia. Todo parecía demasiado avanzado y no había suficiente información para principiantes. Este fue mi intento de salvar la brecha y ayudar a otros de una manera más fácil de entender. Como resultado, se creó un centro en línea que conecta a personas de todo el mundo que buscan lo mismo. Y, a día de hoy, se ha convertido en la publicación más leída de mi blog.

Cientos de panes después, he comprendido que no se trata tanto de aplicar fórmulas rígidas como de combinar expresión personal y técnica. También es una experiencia comunitaria, de compartir, asombrarse y, en último término, un viaje que continúa y que me ha traído a las páginas de este libro. Ya sea que estés en esto por la ciencia o por una simple rebanada, hacer pan es una de las cosas más gratificantes que se pueden hacer, y ahora me emociona compartir este viaje contigo.

Basado en mi experiencia, este libro ofrece un enfoque inspirador y sencillo para hacer pan de masa madre en casa. También proporciona todos los conocimientos necesarios para ampliar tus horizontes sin distraerte ni perderte como me pasó a mí. Solo recuerda que el secreto del éxito no está en la fórmula en sí, sino en desatar tu potencial, confiar en tu intuición y aprender de tus errores. Espero que este libro haga por ti lo que Celia hizo por mí y te inspire a comenzar y compartir tu propio viaje a través de la masa madre.

SOBRE LOS INGREDIENTES

La maravilla de la masa madre es que bastan unos pocos ingredientes simples para crear un pan nutritivo en casa. Una y otra vez te asombrará lo sencillo que es transformar lo ordinario en algo extraordinario desde tu propia cocina.

HARINA

Cuando empecé con la masa madre, todas las harinas blancas me parecían iguales. Solo conocía la diferencia entre harina blanqueada y sin blanquear, y no sabía que fueran importantes el contenido en proteínas, la variedad de trigo y la frescura. A estos factores se debe el resultado distinto de diferentes marcas, y me llevó mucho tiempo descubrirlo, pero eso no significa que tengas que comprar la marca de harina más cara del mercado.

Para obtener los mejores resultados, basta elegir una harina de buena calidad, sin blanquear y sin aditivos químicos. Nunca lo olvidaré: durante varios días alimenté sin querer mi cultivo con harina vieja de repostería, que básicamente es harina blanqueada (entre otras cosas), y no subió nada. No hay que olvidar mirar la fecha de caducidad. Te sorprendería la cantidad de paquetes de harina caducada que hay en las estanterías.

Hoy es fácil encontrar muy diversas harinas de buena calidad en los supermercados y en internet. Por su alto contenido en gluten y proteínas, la harina de fuerza es la que más usan los panaderos. Crea una masa fuerte, que da mejor estructura y altura al pan, y su textura es más consistente.

En comparación, la harina común contiene menos gluten y absorbe menos agua, pero sirve para hacer algunos panes. Verás que da una textura más ligera y esponjosa. Entonces, podrías preguntarte: ¿pueden usarse indistintamente harina de fuerza o harina común? En algunos casos, desde luego. Ambas sirven, por ejemplo, para alimentar tu cultivo de masa madre. No obstante, a la hora de hornear los resultados variarán dependiendo del tipo de pan que quieras hacer. ¿Quieres una *focaccia* blanda y esponjosa? Prueba con harina común. ¿Quieres un pan que suba mucho? Usa harina de fuerza. A mí me gusta mezclar harinas para crear texturas interesantes y únicas.

Por último, las harinas integrales, sobre las que aprenderás más de aquí en adelante, contienen más minerales que las harinas blancas, lo que acelera tanto la fermentación del cultivo como el leudado de la masa. Estas harinas suelen ser más «sedientas» y requieren más agua al mezclarlas.

Lo fundamental es que no todas las harinas son iguales. A medida que vayas haciendo pan, descubrirás tus preferencias con la práctica, y experimentar es divertido.

AGUA

En la comunidad panadera hay mucha polémica en torno a la calidad del agua. Hay quien dice que el agua del grifo sirve perfectamente para el pan de masa madre y para alimentar el cultivo. Otros insisten en evitarla por la presencia de productos químicos y cloro, que pueden alterar la fuerza de la levadura. Como la calidad del agua varía, aquí tendrás que decidir tú. Si puedes, para obtener resultados más regulares es mejor usar agua filtrada o purificada.

SAL

Para mi masa madre uso sal fina. Los gránulos pequeños se disuelven con facilidad y el sabor es intenso. La sal no solo añade sabor, sino que también conserva el pan de forma natural. Si para las recetas de masa madre de este libro prefieres utilizar otra sal, no dudes en experimentar con las cantidades a tu gusto.

CULTIVO DE MASA MADRE

En lugar de la levadura comercial al uso, para el pan de masa madre se emplea un cultivo fermentado vivo de harina y agua. En este cultivo, las levaduras silvestres presentes de forma natural en los granos de trigo se mezclan con bacterias beneficiosas. Una vez burbujeante y activo el cultivo, basta una pequeña cantidad para que el pan suba. Tanto si haces tu propio cultivo desde cero como si te lo regalan, un cultivo potente es esencial para hacer pan de masa madre.

SOBRE LOS UTENSILIOS

Ciertos utensilios facilitan la vida en la cocina, y el pan de masa madre no es una excepción. Estos son los cuatro fundamentales para hacer mejor pan.

OLLA Y PAPEL DE HORNO

El vapor es esencial para el pan. Sin vapor la masa puede formar corteza demasiado rápido, y con ello, panes densos y pesados. Cuando empecé con la masa madre, mis panes se desgarraban por los lados, y no entendía por qué. Hornear en una olla tapada es una solución práctica, y una técnica de cocción al vapor habitual. No todos los panes requieren olla, pero para panes grandes y crujientes, es la mejor manera de obtener resultados uniformes.

Sirve cualquier olla apta para el horno: ollas o cacerolas profundas de hierro, o hasta una piedra para pizza con un cuenco invertido. Otra opción son las bandejas o asaderas esmaltadas, un consejo genial de mi amiga Celia. Son ligeras, ocupan poco sitio, y se encuentran en internet, redondas y ovaladas, por menos de 20 euros.

En cuanto al tamaño de la olla, en mi opinión, cuanto más grande, mejor, pues circula más aire para un horneado uniforme, pero también sirven si son algo menores. Asegúrate de que la olla, asas y tapa incluidas, sea apta para temperaturas de hasta 230–260 °C.

- Olla ovalada: 6,4 l o 40 cm
- Olla redonda: 5,2 l o 26 cm

Para evitar que la masa se pegue, forra la olla con papel de horno antiadherente. Es más fiable que la harina de trigo o de maíz, y si está en buen estado se puede volver a usar.

LA BALANZA

Por la costumbre de medir por volumen, es habitual resistirse a pesar ingredientes. Incluso mientras asistía a la escuela de cocina, donde se pesaba todo, en casa seguía usando mis viejos y fiables vasos medidores. No fue hasta que empecé a hacer pan cuando comprendí al fin el valor de pesar. Permíteme explicarme.

Las medidas de peso y volumen no son equivalentes, sino meramente aproximadas. Por ejemplo, si tú y yo midiéramos el mismo volumen de harina y luego la pesáramos, obtendríamos pesos distintos, según cómo se trate la harina. Algunos la esponjan ligeramente y quitan el exceso, mientras que otros la compactan como si fuera azúcar moreno. Hay una diferencia. Por otro lado, la balanza te dice cómo es realmente (igual que cuando te pesas).

¿Y por qué es importante esto? ¿Tiene que ser todo exacto? Según vayas haciendo pan, observarás que la masa es algo camaleónico. Toma una masa, añádele más agua y se convierte en algo completamente nuevo. Esa es la naturaleza del pan. Pesar los ingredientes, incluidos todos los líquidos, proporciona mayor control de los resultados y evita el cálculo a ojo. Para mayor comodidad, he incluido medidas de volumen junto a las de peso, pero recomiendo encarecidamente pesar siempre los ingredientes: en las recetas de pan los pesos aparecen primero como recordatorio.

Cómo pesar los ingredientes

Para utilizar una balanza digital de cocina, coloca un bol vacío en ella y pulsa el botón para borrar el peso. A continuación, pon el primer ingrediente en el bol. Vuelve a pulsar el botón para borrar el peso y repite este proceso hasta que hayas pesado todos los ingredientes. Esta técnica de «todo en un bol» elimina la necesidad de pesar cada ingrediente por separado, es rápida, eficaz y minimiza la limpieza.

EL CORTADOR DE MASA

Este es mi utensilio favorito. El cortador de masa para el panadero lo que la espátula para las tortitas. Es una mano extra que vendrá muy bien para mover, dar forma y transferir la masa, sobre todo si es viscosa. Lo puedes comprar en línea o en cualquier tienda de menaje de cocina.

CÓMO CREAR UN CULTIVO DE MASA MADRE

Crear un cultivo desde cero es muy sencillo y, en definitiva, marca el comienzo de una relación duradera. También es la parte más intimidante del proceso de hacer pan de masa madre, pues a menudo se malinterpreta. En esta sección recibirás un curso intensivo sobre cultivos de masa madre de la A a la Z. Comenzarás creando tu propio cultivo casero y aprenderás a mantenerlo burbujeante y activo con opciones de almacenamiento y consejos. También aprenderás a cuidarlo y mantenerlo vivo para usarlo en las recetas de este libro y otras. Y como la masa madre es para compartir, también aprenderás a continuar esta tradición con tus parientes y amigos.

CULTIVO DE MASA MADRE PASO A PASO

Los cultivos de masa madre pueden prepararse de varias maneras, con métodos que incluyen zumos de frutas, uvas, miel e incluso patatas para potenciar la fermentación natural, pero solo hay dos ingredientes esenciales: harina y agua. Una vez combinados, el cultivo comenzará a fermentar, y se desarrollarán las levaduras y bacterias necesarias para que el pan suba.

Al crear un cultivo, es importante comenzar con harina integral para que arranque la fermentación. Las harinas integrales de trigo, centeno y espelta son opciones excelentes. La temperatura y la ubicación tienen también un papel importante: para los mejores resultados, busca un lugar cálido donde el cultivo prospere. El mío vive en un armario junto al frigorífico.

El proceso dura unos siete días desde el inicio hasta el final. Mi mejor consejo es ser flexible con los tiempos, pues el desarrollo de la levadura puede ser impredecible. El cultivo estará listo cuando haya duplicado su tamaño y tenga muchas burbujas en la superficie y en general.

DÍA 1: Mezcla bien con un tenedor 60 g de harina integral y 60 g de agua en un frasco grande hasta obtener una consistencia espesa y pastosa. Si mides por volumen (doble de harina que de agua), añade agua para diluir. Cubre la mezcla sin apretar con film transparente o un paño pequeño y déjala reposar 24 h en un lugar cálido (foto n.º 1, p. 17)

DÍA 2: Comprueba si han aparecido burbujas, que pueden verse como puntitos negros en la superficie. Son un indicio de fermentación. No pasa nada si no se ven, pues podrían haber aparecido y haberse disuelto durante la noche mientras dormías. Deja reposar el cultivo durante otras 24 h (foto n.º 2, p. 17)

DÍA 3: Haya o no burbujas visibles, es hora de comenzar a alimentar el cultivo. Primero retira y desecha la mitad aproximada del cultivo del frasco. La textura será muy elástica. Añade 60 g de harina común y 60 g de agua. Mezcla con un tenedor hasta que quede uniforme (foto n.º 3, p. 17). En este punto, la textura debe ser como la de una masa espesa o un yogur natural, así que si es necesario añade agua. Cubre sin apretar y deja reposar durante otras 24 h.

DÍAS 4, 5 Y 6: Repite el proceso de alimentación descrito para el día 3. A medida que la levadura comienza a criar, crecerá y se formarán burbujas en la superficie y en todo el cultivo (foto n.º 5, p. 17). Cuando se hunda, será hora de volver a alimentar el cultivo. *Consejo:* Coloca una banda elástica o un trozo de cinta adhesiva alrededor del frasco para medir el crecimiento del cultivo a medida que sube.

DÍA 7: A estas alturas deberías ver muchas burbujas, grandes y pequeñas. La textura será esponjosa e inflada (foto n.º 6, arriba). Comprueba el aroma, que debe ser agradable y no astringente. Si todo está en orden, el cultivo está activo y listo para usar. *Consejo:* Si en este punto el cultivo aún no está listo, como ocurre a menudo, prolonga el proceso de alimentación una o dos semanas más.

El paso final es transferir el cultivo a un frasco limpio. Conforme a la tradición, también puedes ponerle nombre. El mío se llama Dillon, como mi hijo mayor.

EL LÍQUIDO RESIDUAL

Durante el proceso de crear un cultivo, y también una vez ya preparado, puede que veas un líquido residual oscuro en la superficie, o atravesando alguna parte del cultivo. Tiene un olor muy característico, similar al alcohol isopropílico o a calcetines a la vuelta del gimnasio. Indica que hay que alimentar el cultivo. Cuando lo veas, es mejor eliminarlo (si es posible), junto con cualquier parte descolorida del cultivo. Algunos panaderos optan por mezclarlo con el cultivo, y da un sabor más ácido a la masa. En mi opinión, sin embargo, no merece la pena, y aprovecharlo no siempre es buena idea. (La foto n.º 4 muestra una capa de líquido residual en un cultivo.)

CÓMO CUIDAR DE TU CULTIVO DE MASA MADRE

Ya has creado un cultivo de masa madre. ¿Y ahora qué? Como todo ser vivo, para que se mantenga sano debe alimentarse regularmente. Si el cultivo no está en buen estado, el pan no subirá. Cuidar el cultivo es más fácil de lo que podrías pensar, y desde luego no requiere horas de tu tiempo. Te puedo asegurar que alimentar a un adolescente es mucho más difícil.

Esta sección está repleta de información, y está aquí para consultar y comprender mejor el proceso y no ir adivinando. No es imprescindible leerla antes de hacer tu primer pan de masa madre, pero el modo en que cuides tu cultivo ahora y en el futuro tendrá un reflejo directo en el aspecto, el sabor y la textura de tu pan.

Alimentar el cultivo

Como hiciste en la sección anterior, comienza por retirar y desechar más o menos la mitad del cultivo. Aumenta con harina nueva y agua lo que queda en el frasco. Tapa sin apretar y déjalo subir a temperatura ambiente hasta que esté burbujeante y haya doblado su tamaño. Cuando baje, las burbujas se volverán espumosas y acabarán desapareciendo, y ese será el momento de alimentarlo de nuevo.

¿Qué tipo de harina se debe emplear?

Como regla general, lo mejor es alimentar el cultivo con la misma harina usada al crearlo. Entonces, si usaste harina integral para impulsar la fermentación, aliméntalo luego con harina común para fomentar el desarrollo de bacterias sanas y equilibradas. Para obtener resultados óptimos, es recomendable seguir alimentando el cultivo con harina común, pero si se te acaba, también puedes usar harina de fuerza.

¿Cuánta harina y agua hay que añadir?

Como los seres humanos, tu cultivo necesitará cantidades distintas de alimento cada día. En general, aliméntalo con partes iguales en peso de harina y agua, lo que se conoce también como hidratación al 100 %. Es el tipo más común de cultivo de masa madre, y tiene una textura espesa como la de una masa para rebozado.

Si te estás preguntando por la cantidad relativa de harina y agua, sigue una proporción de alimentación de 1:1:1 como referencia. Por ejemplo, si tienes 60 g de cultivo en el frasco, aliméntalo con 60 g de harina y 60 g de agua. En mi experiencia, esta proporción mantendrá el cultivo bien alimentado y feliz. Si tienes suerte, se mantendrá plenamente subido durante bastante tiempo antes de empezar a bajar.

Por cierto: circula el mito de que si uno se olvida y deja el cultivo sin alimentar, dejará de funcionar y morirá. Es cierto que hay casos en que esto puede suceder, pero los cultivos de masa madre son mucho más resistentes de lo que se cree. Como las plantas de interior, algunos días tienen un aspecto estupendo, y otros se ven decaídas. La clave está en encontrar el equilibrio. Alimenta tu cultivo por la mañana mientras preparas el café, o por la noche antes de acostarte. Solo te llevará 1 min. Con el tiempo se convierte en una rutina que no requiere esfuerzo, y la realizarás casi sin darte cuenta.

¿Cuándo está listo para usar el cultivo?

Después de alimentarlo, el cultivo estará listo cuando muestre todos los siguientes rasgos:

- El volumen se ha doblado aproximadamente
- Hay burbujas pequeñas y grandes en la superficie y en todo el cultivo
- Textura esponjosa o mullida
- Aroma agradable (no a quitaesmalte, calcetines de gimnasio o alcohol isopropílico)

Si hay dificultad para detectar estos rasgos, no olvides poner una goma elástica alrededor de la base del frasco para medir cuánto crece el cultivo. También puedes hacer la prueba de la flotación, un truco útil que aprendí en *Tartine Bread*. Echa un pequeño pegote de cultivo en un vaso de agua. Si flota, está listo para usar. El cultivo puede tardar entre 2 y 8 h en estar activo.

Cómo emplear el cultivo

Para emplear el cultivo en una receta, saca con una cuchara o vierte una porción del tarro para pesar o medir. Hay quien prefiere removerlo primero; yo lo vierto directamente. Cada vez que uses el cultivo, no olvides alimentarlo de nuevo con otra ración, tal como se indica en las recetas a modo de recordatorio.

Opciones para almacenar

Una vez que el cultivo esté en marcha, tienes dos opciones para guardarlo.

A temperatura ambiente: Si horneas a menudo, varias veces a la semana, por ejemplo, guarda el cultivo a temperatura ambiente. Esto acelera la fermentación, y estará burbujeante, activo y listo para usar antes. Hay que alimentar los cultivos a temperatura ambiente una o dos veces al día, según lo rápido que suban y bajen.

En el frigorífico: Si no horneas tan a menudo, guarda el cultivo en el frigorífico, tapado sin apretar o cerrado. Solo tendrás que alimentarlo una vez a la semana más o menos para mantenerlo cuando no lo uses. No es necesario que pierda frío antes de alimentarlo ni dejarlo a temperatura ambiente después. Basta alimentarlo y devolverlo al frigorífico. En cambio, cuando vayas a preparar masa, alimenta el cultivo a temperatura ambiente según sea necesario para reactivarlo.

Cultivos secos (para ti y para compartir con amigos)

Aquí va una historia interesante.

Una mañana, oí un silbido extraño que venía de la cocina. No le di importancia y seguí en lo mío. Luego volví a oír el silbido, y más tarde, otra vez. Resultó que venía de mi cultivo de masa madre. Había llegado hasta la parte superior del frasco y estaba a punto de reventar a través de la tapa. Pero me distraje (los niños) y dejé el frasco sin atender. ¡El cultivo salió por el fondo del frasco y reventó el vidrio! Me quedé mirando impotente cómo mi preciado amigo burbujeante formaba un charco en la encimera y acababa goteando por el suelo. Estaba acabado.

De vez en cuando, seco mi cultivo para recuperarlo en momentos como este. Es como un seguro. Secar el cultivo no solo es un plan de respaldo conveniente, sino también la forma más fácil de compartirlo con familiares y amigos. Ya lo entregues en mano o lo envíes por correo al extranjero, el destinatario puede iniciar su viaje cuando lo desee, y así empecé yo.

Cómo secar tu cultivo de masa madre

Una vez que el cultivo esté burbujeante y activo, forra una bandeja de horno con papel de horno o una lámina de silicona antiadherente. Extiende una capa fina de cultivo por encima y alísala con el dorso de una cuchara. Déjalo secar al aire en el horno (apagado) hasta que la textura se vuelva quebradiza. Puede tardar entre dos y tres días o más. Cuando esté seco del todo, pártelo en trocitos. Guárdalo en una bolsa con cierre hermético en un lugar fresco, como un armario, cajón o despensa. Se conservará al menos seis meses, quizá hasta un año.

Cómo reactivar el cultivo seco

PASO 1: Por la mañana, echa 15 g de cultivo seco, 30 g de harina común y 30 g (2 cdas.) de agua en un frasco grande. Mezcla bien, tapa sin apretar y deja reposar a temperatura ambiente.

PASO 2: Por la tarde, agrega al frasco 30 g de harina común y 30 g de agua. Mezcla bien y deja reposar.

PASO 3: Por la noche, añade 60 g de harina común y 60 g de agua. Mezcla bien y deja reposar durante la noche. Por la mañana, retira y desecha la mitad más o menos del cultivo y repite el paso 2 hasta que haya duplicado su volumen.

Preguntas frecuentes sobre el cultivo de masa madre

1. Mi cultivo tarda mucho en subir. ¿Por qué?

Esto puede ocurrir en cualquier momento, al crear un cultivo o una vez ya hecho. Primero, busca un lugar cálido donde prospere. Envuelve el frasco con una toalla caliente y, para acelerar el proceso, ponlo bajo un flexo o incluso cerca de un radiador. También puedes probar a alimentarlo con agua tibia. El problema podría ser la harina. Para los mejores resultados, usa siempre harina sin blanquear.

2. ¿Puedo usar levadura comercial para que mi cultivo fermente antes?

La levadura comercial hará que el cultivo y la masa suban antes, pero esto ya no es auténtica masa madre. Técnicamente, es un híbrido.

3. ¿Puedo hacer un cultivo con harina de espelta o centeno?

Los cultivos de espelta y de centeno suelen dar buenos resultados por su alto contenido en minerales. No obstante, estas harinas son más caras que otras, y dado que se desecha una parte del cultivo antes de alimentarlo, puede no ser una opción práctica.

4. ¿Por qué tengo que retirar y desechar una parte del cultivo?

Esta es la pregunta más habitual que recibo acerca del proceso de alimentación. En primer lugar, la cantidad exacta que retirar no es fija. Según el día puede ser más o menos, dependiendo del estado del cultivo, su aspecto y su olor. Recomiendo retirar al menos la mitad, lo cual es bastante fácil de calcular a ojo. Al hacerlo, se reequilibran los niveles de acidez del cultivo, y esto produce un sabor ligeramente ácido.

Segundo, si no retiras parte del cultivo, ¿cuánto crees que puedes acabar acumulando? Retirar parte reduce el total a proporciones menores y más prácticas, y facilita su manejo. Lo bueno es que en la mayoría de los casos puedes guardar el cultivo sobrante para utilizarlo en otras recetas, además del pan, a las que he dedicado un capítulo entero. En la p. 147 encontrarás ideas creativas.

5. Cuando el cultivo ha doblado su volumen o está en el punto máximo, ¿cuánto tiempo hay para usarlo en una receta?

Todo depende de la naturaleza del cultivo. Habrá días en que te desconcertará lo rápido que sube y baja, y otros en que el punto óptimo dura varias horas. Si lo alimentas siguiendo la proporción 1:1:1 y te familiarizas, te resultará más fácil calcular el tiempo disponible. Recomiendo emplear el cultivo en su punto máximo lo antes posible, preferiblemente en la hora siguiente, antes de que baje.

6. ¿Cómo sé si tengo suficiente cultivo para mis recetas?

Las recetas de este libro requieren entre 50 y 250 g de cultivo de masa madre. Siguiendo las instrucciones de la siguiente pregunta, puedes ajustar con facilidad la cantidad.

7. ¿Cómo puedo aumentar la cantidad total de mi cultivo?

Primero, si es necesario, transfiere el cultivo a un frasco más grande. Aliméntalo y espera a que se vuelva burbujeante y activo. Antes de que baje, aliméntalo de nuevo sin quitar primero la mitad. Repite esta técnica hasta haber alcanzado la cantidad deseada.

8. Me voy de vacaciones. ¿Se va a morir mi cultivo?

No te preocupes, no hace falta niñera. Alimenta tu cultivo y mét elo en el frigorífico. Seguirá creciendo, y hasta podrías ver burbujas. Sin embargo, con el tiempo entrará en estado latente. Cuando vuelvas, no te extrañe si tarda unos días en reactivarse. Alimenta tu cultivo a temperatura ambiente según sea necesario para reactivarlo.

9. ¿Cómo puedo reactivar un cultivo desatendido?

Es posible que tu cultivo acabe relegado al fondo del frigorífico, perdido durante meses tras envases de comida china a domicilio. Puede que tenga un aspecto grisáceo y descolorido y un olor muy fuerte. ¡No pierdas la esperanza! Desecha la mayor parte y transfiere lo que guardes a un tarro nuevo y limpio. Aliméntalo durante varios días a temperatura ambiente en un lugar cálido. Ten paciencia y sé constante: puede tardar entre una y dos semanas en reactivarse. Si no lo consigues, crea un cultivo nuevo. Y si ves moho, tíralo todo y empieza otra vez.

10. Ya tengo mi propio cultivo de masa madre. ¿Puedo usarlo para tus recetas?

Las recetas de este libro se han probado con un cultivo hidratado al 100 %. Si empleas un cultivo de otro tipo, los resultados pueden variar, pero solo ligeramente. No hay nada malo en experimentar.

11. ¿Qué es la levadura natural?

Por emplear una imagen gráfica, si tu cultivo es la nave nodriza, la levadura es otra menor que tiene dentro. Normalmente, las levaduras se alimentan con diferentes tipos de harina para crear perfiles de sabor concretos sin alterar la integridad del cultivo original. Por ejemplo, si viertes un poco de tu cultivo en un cuenco y lo alimentas con harina de centeno, acabas de crear una levadura. Alimentado exclusivamente con harina común, el tarro original de cultivo de masa madre permanece intacto. Para desarrollar sabores, esta técnica presenta muchas ventajas. Pero requiere más tiempo, por lo general toda la noche, y no la he usado en las recetas de este libro.

HORNEA TU PRIMERA HOGAZA
Para empezar... y continuar

Con el cultivo burbujeante y todos los utensilios a mano, ya puedes empezar. En este capítulo hay dos recetas básicas de masa madre. Mi pan de masa madre básico (p. 26) es una introducción fantástica para principiantes y requiere un esfuerzo mínimo. Cuando te sientas capaz de afrontar un reto mayor, vuelve a este capítulo y prueba a hacer mi pan de masa madre de alta hidratación (p. 29) para comparar. Conocer las similitudes y las diferencias te mostrará cómo encajar el pan hecho con tiempo en cualquier horario de la vida moderna y crear el pan del estilo que desees.

Dicho esto, no te preocupes por comprender enseguida todos los detalles y técnicas. Simplemente lánzate y diviértete. Cuando te asalte la curiosidad, y lo hará, consulta cuando te apetezca la información más detallada al final del capítulo. De esta forma no te perderás en distracciones como me pasó a mí.

PAN DE MASA MADRE BÁSICO

Para 1 pan

Todo panadero necesita en su repertorio un pan de referencia para todo, y si eres nuevo en la masa madre, es el lugar perfecto para empezar. Basta preparar la masa, dejarla reposar durante la noche y hornear por la mañana. Da un gran resultado a cambio de muy poco esfuerzo: una corteza dorada y crujiente, y una miga aterciopelada perfecta para sándwiches y tostadas. Prueba unas rebanadas gruesas con aguacate cremoso y tomate o el sándwich de queso a la parrilla más delicioso que hayas probado. Este es el pan favorito de mi familia.

Acerca de la masa: Como esta masa fermenta mientras duermes, no te tentará acelerar el proceso ni andar mirando cada cinco segundos a ver si ya está lista. Echa un vistazo al horario del panadero y adáptalo al tuyo. El método de fermentación durante la noche puede aplicarse a la mayoría de las recetas de este libro.

PROGRAMA DEL PAN

Jueves–sábado: Alimenta el cultivo hasta que esté burbujeante y activo.

Sábado por la noche: Prepara la masa y deja que suba.

Domingo por la mañana: Dale forma a la masa, déjala subir de nuevo, greña y hornéala.

50 g de cultivo burbujeante y activo
350 g de agua tibia
500 g de harina de fuerza
9 g (1½ cdtas.) de sal marina fina

PREPARA LA MASA: Por la noche, mezcla con un tenedor el cultivo y el agua en un bol grande. Añade la harina y la sal. Mezcla hasta formar una masa firme, y luego termina de mezclar a mano para incorporar plenamente la harina. La masa tendrá un aspecto denso y rugoso, y al trabajarla se pegará a los dedos. Raspa todo lo que puedas. Cubre con un paño húmedo y deja reposar durante 30 min. Repón el cultivo con harina fresca y agua, y guárdalo según tus preferencias.

Cuando la masa haya reposado, trabájala hasta formar una bola bastante lisa. Para ello, toma una porción de la masa y dóblala presionando con los dedos en el centro. Repite la operación, trabaja toda la masa unos 15 s, hasta que empiece a estar firme.

PRIMERA FERMENTACIÓN: Cubre el cuenco con un paño húmedo y deja reposar toda la noche a temperatura ambiente (entre 8 y 10 h a 21 °C). La masa estará lista cuando ya no se vea densa y haya duplicado su tamaño.

DALE FORMA: Por la mañana, pasa la masa a una superficie de trabajo ligeramente enharinada. Para una hogaza redonda, comienza por arriba doblando la masa hacia el centro. Gírala un poco, dobla la sección siguiente y repite hasta completar un círculo. Da la vuelta a la masa y déjala reposar entre 5 y 10 min. Mientras tanto, cubre un cuenco de 20 cm con un paño y espolvoréalo con harina. Con las manos enharinadas, recoge suavemente la masa tirando hacia ti con un movimiento circular para darle forma. Pásala al cuenco con el cortador de masa, con la parte abierta hacia arriba.

SEGUNDA FERMENTACIÓN: Cubre el bol y deja reposar la masa entre 30 min y 1 h. Estará lista cuando su aspecto sea esponjoso y haya subido un poco, pero sin doblar su volumen.

Precalienta el horno a 230 °C. Corta una hoja de papel de horno del tamaño de la olla para hornear dejando que sobresalga por los lados para poder sacar el pan.

GREÑA LA MASA: Coloca el papel de horno sobre la masa e invierte el bol para liberarla. Espolvorea la masa con harina y frota suavemente la superficie con las manos. Con la punta de un cuchillo pequeño de sierra o una cuchilla de afeitar, haz un corte en la masa con el patrón de corte transversal de la página 195, o de la forma que desees. Utiliza el papel de horno para transferir la masa a la olla para hornear.

HORNEA: Hornea la masa a media altura durante 20 min, tapada, y otros 30 destapada. Retira luego con cuidado el pan de la olla y hornéalo en la rejilla del horno los últimos 10 min para dejar crujiente la corteza. Cuando esté listo, transfiérelo a una rejilla. Déjalo enfriar 1 h antes de cortar.

Lo mejor es consumir el pan de masa madre en el día. Para la máxima frescura, una vez frío guárdalo hasta 1 día a temperatura ambiente en una bolsa de plástico.

PAN DE MASA MADRE DE ALTA HIDRATACIÓN ❧

Para 1 pan

Basta un vistazo a cualquier foro de panadería para darte cuenta de que todo el mundo quiere saber lo mismo: ¿cómo se hornea pan de masa madre con agujeros grandes y abiertos? Lo cierto es que no hay una respuesta sencilla. Una tormenta perfecta de variables, entre ellas algo de suerte, le ha valido a este pan de masa madre el título de «Santo Grial». Pensarás, ¿para qué molestarse, entonces? Todo forma parte del encanto, y una vez que descubras este pan increíble, querrás devorarlo al instante.

Acerca de la masa: El primer paso para conseguir alvéolos es añadir más agua o aumentar la hidratación de la masa. El segundo, ampliar tu técnica de masa madre: después de la primera fermentación (piensa en la *focaccia*), presiona suavemente la masa con los dedos y luego dale forma dos veces. Ambas técnicas ayudan a abrir la miga, y pueden aplicarse a otras masas para lograr el mismo efecto. Si usas una harina de fuerza rica en gluten, puedes sustituir hasta 60 g por harina común para aligerar la textura.

PROGRAMA DEL PAN

Jueves y viernes: Alimenta el cultivo hasta que esté burbujeante y activo.

Sábado por la noche: Prepara la masa y déjala reposar.

Domingo por la mañana: Dale forma a la masa, deja que suba de nuevo, greña y hornéala.

50 g de cultivo activo y burbujeante

375 g de agua tibia

500 g de harina de fuerza

9 g (1½ cdtas.) de sal marina fina

NOTA: La hidratación es la cantidad total de agua (o líquido) dividida por la cantidad total de harina. Esta masa se considera de alta hidratación, con un 75 %, y es una masa húmeda. Las masas de baja hidratación se encuentran entre el 50 y el 68 %.

PREPARA LA MASA: Por la noche, mezcla con un tenedor el cultivo y el agua en un bol grande. Añade la harina y la sal. Mezcla hasta que estén bien integrados y termina con las manos para formar una masa rugosa. Cubre con un paño húmedo y deja reposar durante 1 h. Repón el cultivo con harina fresca y agua, y guárdalo según tus preferencias. Una vez que la masa haya reposado unos 15-20 s, forma una bola.

PRIMERA FERMENTACIÓN: Cubre el cuenco con un paño húmedo y deja reposar entre 8 y 10 h, toda la noche, a temperatura ambiente (21 °C). La masa estará lista cuando haya doblado su volumen, tenga algunas burbujas en la superficie y se menee al sacudir el cuenco de lado a lado.

DALE FORMA: Por la mañana, pasa la masa a una superficie enharinada. Presiónala con suavidad con las puntas enharinadas de los dedos. Dale forma redonda con cuidado y deja reposar 5-10 min. Mientras tanto, forra un cuenco de 20 cm o una cesta de fermentación con un paño y espolvorea con harina. Con un cortador de masa, dale la vuelta para que la parte lisa quede hacia abajo. Dale forma de nuevo y dale otra vez la vuelta. Recoge la masa por debajo con un movimiento circular para darle forma. Pásala al cuenco con la costura hacia arriba.

SEGUNDA FERMENTACIÓN: Cubre la masa y refrigérala 1 h para que se asiente la estructura.

Nota: Puedes enfriar esta masa hasta 6 h o más. Una vez que esté lista para hornear, déjala a temperatura ambiente mientras se calienta el horno.

Precalienta el horno a 260 °C. Corta un trozo de papel de horno a la medida de la olla.

GREÑA LA MASA: Coloca el papel de horno sobre la masa e invierte el bol para desmoldarla. Espolvorea la superficie con harina y frótala con las manos para cubrirla. Con la punta de un cuchillo pequeño o una cuchilla de afeitar, haz unos cortes en la masa con el patrón de alas de pájaro de la página 195, o como prefieras. Utiliza el papel de horno para transferir la masa a la olla.

HORNEA: Coloca la olla en la rejilla central y reduce la temperatura a 230 °C. Hornea la masa durante 20 min, tapada. Retira la tapa y continúa horneando durante 30 min. Saca el pan de la olla y hornea directamente sobre la rejilla del horno durante los últimos 10 min. Deja enfriar sobre una rejilla durante 1 h antes de cortar.

Este pan se mantendrá fresco hasta 1 día a temperatura ambiente en una bolsa de plástico.

PASOS DE LA MASA MADRE DE UN VISTAZO

Antes de empezar: Alimenta el cultivo hasta verlo burbujeante y activo.

Prepara la masa.

Deja que la masa suba.

Dale forma a la masa.

Deja que la masa suba de nuevo.

Greña la masa.

Hornea.

¡Enfría, corta y disfruta!

PASOS DE LA MASA MADRE, EXPLICADOS

A medida que sigas haciendo pan, te darás cuenta de que más allá de una receta, la panadería de masa madre es un oficio que hay que conocer. Con métodos y terminología que varían de un panadero a otro, esto puede intrigar y también abrumar. Aquí detallo los pasos básicos según mi experiencia. Como el capítulo anterior, esta sección no es de lectura obligatoria. Usa esta guía como referencia a lo largo del libro y para satisfacer tu curiosidad.

Paso 1: Prepara la masa

El proceso de mezcla es bastante sencillo. Tanto si lo haces a mano como con una amasadora, se trata de incorporar bien todos los ingredientes. Nadie quiere encontrar pegotes de harina o sal en el pan, que a diferencia de lo que ocurre con los pasteles, no se deshacen en el horno. Una vez integrados, la masa quedará rugosa, pegajosa y densa, todo ello normal.

Primer reposo

Después de mezclar, la masa debe reposar en el cuenco. Es un paso que se repite con la masa madre, y no conviene apresurarlo, pues cada reposo cumple un fin importante.

Aquí la harina necesita tiempo para absorber el agua, que inicia el desarrollo del gluten sin amasar. También vuelve la masa más suave y manejable. El tiempo puede variar según tu horario y el tipo de masa. Por ejemplo, a la masa madre básica (p. 26) le va bien un reposo de 30 min, mientras que la de alta hidratación (p. 29) y la mayoría de las masas integrales pueden reposar una hora entera. Rellenos tales como frutos secos o pasas se añaden después de este periodo de reposo, pues así son más fáciles de incorporar.

LA AUTÓLISIS

El término técnico de este primer reposo es autólisis. En la autólisis verdadera no hay sal ni levadura, pues algunos panaderos creen que impiden el desarrollo del gluten. Como método cotidiano, el mío de todo en un solo cuenco funciona muy bien, pero técnicamente es una autólisis híbrida, algo para tener en cuenta para comparar cuando te encuentres con este término.

Amasado rápido

Una vez que la masa haya completado el primer reposo, dale un amasado rápido en el cuenco. La idea es trabajar la masa doblándola varias veces y presionando en el centro con la punta de los dedos. No te preocupes por la técnica. Simplemente sigue moviendo la masa hasta que el gluten comience a volverla firme, señal de que es momento de parar. Dependiendo de la masa, puede tardar entre 15 s y 1 min.

Por cierto, no te dejes intimidar por la palabra «amasar». Atrás quedaron los días en que las ancianas con antebrazos del tamaño de muslos de pavo amasaban el pan hasta que las vacas volvían a casa. Hay muchas formas de amasar, y en el mejor de los casos, este paso es mínimo. Por desgracia, el estigma sigue existiendo, por lo que a menudo se malinterpreta el amasado. Este movimiento rápido no solo incorpora aire a la masa para desarrollar aún más el gluten, sino que también es tu última oportunidad para ajustarla. Si está demasiado pegajosa o si encuentras algunos trozos de harina seca en el fondo del bol, métielos y arréglalo. Considéralo un control de calidad.

Mezcla los ingredientes hasta formar una masa de aspecto rugoso. Déjala reposar entre 30 min y 1 h.

Trabaja la masa hasta formar una bola (A).

Trabaja la masa hasta formar una bola (B).

Deja que la masa suba hasta doblar su volumen.

Paso 2: Primera fermentación

Ahora es el momento de que la masa fermente.

Lo primero que debo mencionar es que la masa madre necesita fermentar dos veces. La primera fermentación, también conocida como primera subida o fermentación en masa, es cuando se produce la mayor parte del desarrollo del gluten. El «gluten» se refiere a las cadenas de proteínas que se encuentran en el trigo, esenciales para la estructura general y la altura. Si apresuras la primera fermentación, terminarás con un ladrillo tan plano que no lo tocarán ni las ardillas.

¿Cuánto tarda?

La masa madre nunca estará lista en 1 h, y a diferencia del pan con levadura comercial, no es deseable que lo esté. Acepta el ritmo, y la recompensa será un sabor delicioso y complejo. El tiempo también permite la fermentación natural, que descompone los inhibidores nutricionales asociados al trigo. Otra ventaja de la fermentación larga y lenta es que puedes estar a lo tuyo y no pendiente de la masa, por eso se adapta bien a un día ajetreado en casa o la oficina.

La temperatura tiene un papel clave en la primera fermentación. A temperatura ambiente, unos 21 °C, las masas de este libro pueden tardar entre 6 y 10 h o más en subir. Es normal que tu casa sea más cálida o fría, y por eso los tiempos de leudado son solo aproximados. No te sorprendas si tu masa tarda solo 5 h en subir en verano, pero quizá hasta 12 h en invierno. Cuando esto pase, simplemente déjala estar. Emplea tu intuición y tus sentidos para juzgar cuándo está lista la masa. Es habitual que los panaderos recomienden estar atento a la masa, no al reloj.

LA TEMPERATURA DEL AGUA

En los tiempos de fermentación, la temperatura del agua es importante, ya que cambia la de la masa. El agua tibia, a unos 27 °C, acelera la fermentación, y más fría, a unos 21 °C, la ralentiza. Saber cuándo y cómo ajustar la temperatura del agua es una técnica útil que puede adaptarse a tu horario o programa del pan, sobre todo en los cambios de estación. En verano, por ejemplo, suelo preparar masa entre las 21:00 y 22:00 h, con agua fría para controlar la fermentación, para que repose toda la noche. A las 6:00 h está lista.

¿Cómo sabré cuándo está lista la masa?

No todas las masas se ven igual al terminar la primera fermentación, pero muchas comparten las mismas características.

Estas son algunas señales clave para observar:

- Aumento del volumen, aproximadamente al doble.
- La masa ya no se ve densa, sino más bien suave y esponjosa.
- Muchas burbujas por toda la masa indican que está aireada.
- Algunas burbujas en la superficie, típicas de las masas húmedas e integrales.

EL DOBLE VOLUMEN

Según el recipiente, la masa sube y se expande hacia los lados. Saber cuándo ha doblado su volumen será difícil si el cuenco empleado es grande y ancho y parece capaz de contener ensalada para, digamos, 30 personas. Considera la posibilidad de usar un recipiente menor, de unos 20 cm de ancho, o dejar subir la masa en un recipiente medidor alto y transparente. De esta manera, sabrás exactamente cuánto ha crecido la masa.

Estirado y plegado

Esta es una técnica de amasado mínimo que incorpora suavemente aire a la masa, y aporta firmeza y altura al pan terminado. Para muchos panaderos es una tarea grata (¿a quién no le gusta tocar masa de pan?) y puede aplicarse como un paso opcional.

El estirado y plegado se realiza en series. La primera puede hacerse unos 30 min después de la primera fermentación. Luego se repite hasta 4 veces separadas entre 15 min y 1 h, según la masa. Es una técnica muy flexible: si solo tienes tiempo para una o dos series, adelante. Obtendrás excelentes resultados de ambas maneras. En la página 194 hay fotos que ilustran estos pasos.

Paso 3: Dale forma

Tras la primera fermentación, la masa está lista para darle forma en el área de trabajo.

Pero veamos primero cómo sacar la masa del cuenco. ¿Tirando? ¿Estirando? ¿Volcándola? A mí me gusta sacarla con delicadeza, y procuro no desinflar todas las burbujas. Lo mejor es hacerlo con las puntas de los dedos enharinadas. Algunos panaderos evitan que la masa se pegue aceitando un poco el cuenco, pero si optas por estirar y plegar la masa, verás que prácticamente no se pega al cuenco.

Para dar forma a la masa, sigue las instrucciones de las páginas 188–194 para tener una idea básica del proceso. Cada panadero tiene su propio método, pero el objetivo es redistribuir el peso de la masa y crear una piel tensa en la superficie para que suba de forma más uniforme. Al darle forma, si hay demasiada harina en la superficie de trabajo se deslizará, y si no hay suficiente, se pegará. Busca el equilibrio para el mejor resultado.

Reposo intermedio

Justo después de dar forma a la masa, debe reposar de nuevo. Según la masa, este reposo intermedio puede durar entre 5 y 10 min, o más. Y, lo siento, no hay atajos. Como se ha dicho antes, el reposo es un paso repetido con un objetivo importante. O piénsalo de esta manera: el gluten es como un músculo. Si está demasiado rígido, no se estirará. ¿Cómo te sentirías tú después de cien sentadillas?

Tensa la masa

Durante el reposo intermedio, la masa se extenderá de forma natural al destensarse el gluten. Antes de pasar al siguiente paso, para la mayoría de los panes habrá que cohesionar la masa. Para ello, recoge con suavidad la masa con las manos enharinadas y tira de ella hacia ti, o haz un movimiento circular. La idea es que la masa adquiera suficiente tensión superficial para tensarse por sí sola. Es una técnica muy sencilla que solo lleva unos segundos. Luego, con el cortador de masa, pasa la masa a un cuenco con un paño o cesta de fermentación con la costura hacia arriba.

NOTA: Algunas masas, en particular las húmedas, siguen extendiéndose después de tensarlas. Cuando esto ocurra, dale la vuelta y vuelve a darle forma para que en el horno suba mejor.

EL TRUCO DEL PAÑO DE COCINA

Como la mayoría haremos panes de uno en uno, quizá unas pocas veces al mes, la falta de práctica es un obstáculo común. Por ello se puede practicar con un paño de cocina pequeño doblando las esquinas y los lados para imitar los movimientos de dar forma a la masa. Parecerá una tontería, pero funciona. Se me ocurrió mientras doblaba ropa, y sigo usando este truco hasta hoy, sobre todo al probar una técnica nueva para dar forma a la masa.

Dale forma a la masa, dale la vuelta y déjala reposar entre 5 y 10 min.

Recoge con suavidad la masa para tensarla.

Coloca la masa con la costura hacia arriba en un cuenco o cesta de fermentación (A).

Coloca la masa con la costura hacia arriba en un cuenco o cesta de fermentación (B).

Paso 4: Segunda fermentación

Después de darle forma, la masa debe subir de nuevo.

La segunda fermentación, o fermentación final, permite que la masa se recupere después de haberle dado forma. Recuerda que al darle forma, la masa pierde aire por el efecto de manipularla. Dale un tiempo y obtendrás como recompensa un volumen, una textura y un sabor mejorados.

¿Cuánto tarda la segunda fermentación?

Según mi experiencia, la segunda fermentación depende de cuánto duró la primera. Usando la referencia anterior, a temperatura ambiente, para panes redondos y ovalados la segunda fermentación puede durar entre 30 min y 1 h. Para pan de molde pueden ser entre 1 y 2 h, o hasta que la masa supere el borde del molde. En resumen, el tiempo de fermentación variará, así que, de nuevo, mira la masa y no el reloj. Ese es el secreto.

Cestas de fermentación

Para mantener la forma durante la segunda fermentación, para algunas masas los panaderos usan cestas de fermentación, también llamadas banetones. Son esenciales para masas húmedas, como la masa madre de alta hidratación (p. 29), pues de lo contrario se extenderían como una tortita. Sin paño y bien enharinadas, estas cestas dejan una bella impronta pulvurenta en la corteza y sin esfuerzo dan a tu pan un toque artesanal. Puedes encontrar cestas de fermentación en línea, en formas ovaladas de 25 o 30 cm y redondas de 20 o 23 cm.

CÓMO TRATAR UNA CESTA DE FERMENTACIÓN NUEVA

Un consejo: antes de usarlas, las cestas de fermentación nuevas deben curarse, o la masa se pegará. Una sola vez basta. Primero rocía ligeramente con agua el fondo y los lados. Luego cubre generosamente el interior con un puñado de harina, dale la vuelta a la cesta y sacude el exceso. Cuando hayas terminado, el interior debe quedar completamente blanco. Déjala secar durante unas horas para que la superficie se endurezca. Para emplear la cesta ya tratada, espolvorea una buena cantidad de harina, elimina el exceso, y coloca dentro la masa con la costura hacia arriba.

¿Cuándo está lista la masa para hornear?

La masa está lista cuando se hincha y ya no se ve densa. Esa es la señal principal que hay que buscar. En esta fase subirá un poco, pero no debe doblar su volumen. Si esto ocurre, la masa podría agotar su fuerza antes del horneado y desinflarse en el horno. Los panaderos llaman sobrefermentada a la masa desinflada o contraída.

Una de las formas más fáciles de determinar si la masa está lista es hacerle una foto con el móvil. ¿Cuánto ha subido? ¿Qué aspecto tiene ahora? Te sorprenderá lo útil que es. También puedes darle un toquecito con el dedo: si vuelve despacio a su posición original, está lista para hornear. Sin embargo, esta no es una prueba 100 % precisa y deja mucho margen a la interpretación. Con la práctica, sabrás cuándo está lista la masa.

CÓMO RETARDAR LA MASA

Si por cualquier motivo no hay tiempo para hornear, siempre se puede enfriar la masa durante la segunda fermentación, o lo que se conoce como retardar la masa. Seguirá subiendo refrigerada, pero más despacio debido a la menor temperatura. Según la fuerza de la masa, esta técnica puede darte hasta 8 h de tiempo extra. También intensifica el sabor, y algunos panaderos consideran que favorece la formación de alvéolos mayores en la miga.

Paso 5: Greñado

Completada la segunda fermentación, y con el horno precalentado, puedes greñar la masa.

Greñar o hacer cortes en la masa antes de hornearla tiene una función tanto práctica como decorativa. Permite que salga el vapor y determina por dónde se abre el pan. No hay reglas para greñar, y no es necesario para todos los tipos de pan, pero hay ciertas orientaciones útiles. La técnica puede ser tan sencilla o artística como se quiera.

Herramientas del oficio

Un cuchillo pequeño de sierra para carne o un cuchillo afilado de pelar van muy bien para greñar la masa. Algunos panaderos usan una hoja de afeitar o cuchilla de panadero, que básicamente es una hoja de afeitar sujeta por un pequeño mango. Elige lo que te resulte más cómodo. Yo empecé con un cuchillo de carne pequeño porque era lo que tenía en casa. Al experimentar con cortes más intrincados, me pasé a la hoja para tener más control, pero reconozco que en los primeros intentos me sentía como Eduardo Manostijeras.

En el greñado, la longitud y la profundidad de cada corte varían en función de la textura de la masa y el dibujo que quieras crear. Si la técnica es nueva para ti, empieza por algo sencillo, como un solo corte a lo largo de la masa, de unos 6 mm de profundidad, con la punta del cuchillo. Para otros patrones y técnicas de greñado, puedes inspirarte en las de la página 195.

CÓMO PERFECCIONAR EL GREÑADO

El greñado perfecto no se logra de un día para otro. Todos los panaderos pasan por ese momento de incertidumbre y antes de dar el primer corte vacilan ante la masa. Hasta confiar más en tu mano, considera la opción de practicar con una bola de plastilina, sobre todo para los greñados más artesanales.

Paso 6: Horneado

Los tiempos y las temperaturas de horneado variarán según la receta, y cada horno es diferente, claro. Durante años usé un horno estropeado de 1965 que no cerraba bien y dejaba escapar calor y vapor. ¡Para mantenerlo cerrado tenía un pestillo! Emplear un termómetro de horno fue de lo más útil para lograr precisión, y es muy recomendable si tienes dificultad para controlar la temperatura.

Los panes redondos y ovalados hechos en olla tapada suelen recibir el mismo trato: 20 min tapados para que suelten vapor, 30 min destapados para dorarse y 10 min a media altura fuera de la olla para dejar crujiente la corteza. En estos últimos 10 min el aire circula de manera uniforme y se eliminan las marcas que puede dejar una olla demasiado ajustada.

CUÁNDO PRECALENTAR LA OLLA

Muchos panes horneados en olla tapada requieren precalentar antes la olla. Puedes omitir este paso. Aunque precalentarla permite que la masa se expanda al contacto, obtendrás resultados similares sin las inevitables quemaduras en las muñecas.

Voltea la masa en un trozo de papel de horno y espolvoréala con harina.

Greña la masa.

Transfiere la masa a una olla.

¡Hornea y a disfrutar!

¿Cómo sabré cuándo está hecho el pan?

Primero, da un golpecito por debajo al pan. Si suena a hueco, suele estar hecho. Si el sonido que produce es sordo (dale en los lados para comparar), es probable que necesite más tiempo. Al hacer pan, prolongar el horneado 10 min es habitual. De nuevo, no se trata de repostería. En este caso, baja la temperatura del horno o apágalo, y deja el pan unos minutos más en la rejilla.

En segundo lugar, el pan debe sentirse relativamente ligero. Eso indica que la masa ha fermentado de manera correcta y ha expulsado la mayor parte de la humedad. Puede ser difícil de juzgar sin una referencia, pero un ladrillo es un ladrillo.

En tercer lugar, y lo más fiable, toma la temperatura. En las masas sin leche, mantequilla ni huevos, la temperatura interna debe ser de entre 93 y 99 °C. En masas enriquecidas, la temperatura debe ser de entre 88 y 93 °C. Utiliza un termómetro digital para obtener una lectura precisa.

Enfriado

Antes de cortar el pan de masa madre, lo mejor es dejarlo enfriar durante una hora o más en una rejilla. Si lo cortas demasiado pronto, la textura será gomosa, y acabará secándose. Mientras el pan se enfría sigue soltando vapor, lo cual puede ablandar la corteza. Cuando esto ocurre se oye crepitar: ¡música para tus oídos! Para evitar el choque térmico, el pan siempre se puede enfriar en el horno apagado y con la puerta entreabierta.

Cortar el pan

Te sorprendería la cantidad de correos electrónicos que recibo sobre cómo cortar el pan. No es que la gente no sepa. Creo que a todos nuestros cuchillos de pan les falta filo, así que el primer paso es afilar. También se puede poner la hogaza de lado, para no presionar la corteza al cortar el pan en rebanadas.

CÓMO CONSEGUIR QUE EL PAN TENGA SABOR ÁCIDO

No todas las masas fermentadas son de sabor ácido. Lograrlo depende de varios factores, entre ellos el cuidado del cultivo, el tipo de harina, la temperatura y cómo fermenta la masa. A veces se trata de todos estos factores combinados. Por ejemplo, si no alimentas el cultivo muy a menudo, se volverá más ácido y olerá a vinagre, y ese sabor estará presente en el pan. Añadir harina integral ayuda a conseguir el mismo efecto, así como enfriar la masa durante la noche después de haberle dado forma. Encontrar el sabor adecuado para tu pan de masa madre es algo con lo cual experimentar, y el sabor no tiene por qué ser siempre igual.

Guardar y congelar el pan

Para disfrutar plenamente del pan de masa madre, debe estar fresco. Algunos panes aguantan un día o dos, pero todo depende. Guárdalo siempre a temperatura ambiente en una bolsa de plástico o una panera, si tienes. Yo uso bolsas de pan largas y reutilizables que se cierran girándolas, que se pueden encontrar en internet (Lista de fuentes, p. 196). En cualquier caso, no enfríes el pan, pues se volverá gomoso y podría salirle moho. Una vez a temperatura ambiente, se puede congelar entero o en rebanadas. Una capa de film transparente y papel de aluminio basta para conservarlo hasta tres meses, o hasta que aparezca la quemadura por congelación. Para obtener los mejores resultados, descongélalo a temperatura ambiente.

HOGAZAS CASERAS DULCES Y SALADAS

>>>>>

Una forma fácil y creativa de realzar tus panes es incorporarles distintos rellenos y sabores. Imagina las posibilidades: frutos secos remojados en extracto de vainilla y especias, pepitas de chocolate negro y hasta hierbas frescas y queso. Este fue el capítulo del libro que más me gustó escribir, y reconozco que estos son los panes que más me gusta comer. El de pepitas de chocolate fundido (p. 42) es una buena opción para empezar o, si prefieres lo salado, el de eneldo y chédar blanco (p. 45). Recuerda que lo que añadas se notará de forma sutil en el pan terminado. (¡El pan de masa madre de chocolate no sabe a pastel!)

PAN CON PEPITAS DE CHOCOLATE FUNDIDO

Para 1 pan

Este pan de masa madre que recuerda a una napolitana de chocolate es uno de mis grandes favoritos. La miga, salpicada de ricas pepitas de chocolate, tiene un sabor y una textura excepcionales. Para contrastar con el interior blando, la corteza se tuesta hasta dejarla oscura y crujiente. Sírvelo caliente para experimentar la delicia del chocolate dulce y fundido en toda su gloria.

Acerca de la masa: Debido al peso de las pepitas de chocolate, esta masa puede tardar un poco más de lo habitual en subir, pero ten paciencia, vale la pena. Cuando esté lista para greñar, la superficie de la masa estará cubierta de pepitas de chocolate; elige un patrón de greñado que rodee las pepitas para evitar golpearlas con la cuchilla.

MASA

50 g de cultivo activo y burbujeante
375 g de agua tibia
500 g de harina de fuerza
9 g (1½ cdtas.) de sal marina fina

RELLENO

175 g de pepitas de chocolate semidulce

Unos días antes de hornear, alimenta el cultivo hasta que esté burbujeante y activo. Guárdalo a temperatura ambiente hasta que esté listo.

CONSEJO: A mis hijos les encanta este pan con chocolate blanco, negro, con leche..., en mi casa valen todos. No dudes en experimentar con tu combinación favorita.

PREPARA LA MASA: Mezcla con un tenedor en un cuenco grande el cultivo y el agua. Añade la harina y la sal. Mezcla hasta integrar todo y termina con las manos para incorporar bien la harina. Cubre con un paño húmedo y deja reposar 30 min. Completa el cultivo con harina nueva y agua, y guárdalo como prefieras.

AÑADE EL RELLENO: Cuando la masa haya reposado, añade las pepitas de chocolate. Amasa con suavidad durante 1 min más o menos para incorporarlas. Mientras amasas, algunas pepitas se desprenderán, pero no pasa nada.

PRIMERA FERMENTACIÓN: Cubre el cuenco con un paño húmedo y deja que suba a temperatura ambiente hasta doblar su volumen. A 21 °C, tardará entre 8 y 10 h.

DALE FORMA: Coloca la masa en una superficie de trabajo ligeramente enharinada. Dale forma redonda u ovalada y deja reposar durante 5 a 10 min. Forra con un paño y espolvorea con harina un bol de 20 cm o una cesta de fermentación ovalada de 24 cm. Ahueca la masa y aprieta con suavidad según la forma deseada. Colócala con la costura hacia arriba en el recipiente de fermentación.

SEGUNDA FERMENTACIÓN: Cubre la masa y déjala reposar entre 30 min y 1 h, dependiendo de la temperatura, hasta que esté esponjosa, pero no completamente leudada. Precalienta el horno a 260 °C. Corta una hoja de papel de horno a la medida de la olla que vas a usar.

GREÑA LA MASA: Cubre la masa con papel de horno e invierte el recipiente para sacarla. Espolvoréala con harina y recúbrela frotando con suavidad. Elige un greñado de la página 195, o simplemente haz un corte a lo largo del pan. Usa el papel de horno para transferir la masa a la olla para hornearla.

HORNEA: Pon la masa en el horno a media altura y baja la temperatura a 230 °C. Hornea 20 min con tapa. Retira la tapa y hornea otros 40 min. Cuando esté listo, antes de cortarlo, déjalo enfriar durante 1 h aproximada en una rejilla.

Cuando se haya enfriado, guarda el pan en una bolsa de plástico a temperatura ambiente hasta 1 día.

PAN CON ENELDO Y CHÉDAR BLANCO

Para 1 pan

El queso chédar y el eneldo son una combinación clásica. Para que se derrita e integre en la masa al hornear, en esta receta el queso va rallado, no en dados. Esto resalta la acidez de la masa madre, y el sabor al combinarlo con eneldo fresco te va a impresionar. Prueba ,unas tostadas con un guiso invernal caliente o chile vegetariano picante.

Acerca de la masa: Esta masa es pegajosa, pero vale la pena, pues la mayor cantidad de agua y el amasado suave desarrollan una miga más abierta. Para intensificar el sabor y facilitar el greñado, la masa se enfría durante la noche después de haberle dado forma.

MASA

50 g de cultivo activo y burbujeante
400 g de agua tibia
500 g de harina de fuerza
9 g (1½ cdtas.) de sal marina fina

RELLENO

10 g de eneldo fresco picado
100 g de queso chédar blanco fuerte rallado

Unos días antes de hornear, alimenta el cultivo hasta que esté burbujeante y activo. Guárdalo a temperatura ambiente hasta que esté listo para usar.

PREPARA LA MASA: Por la mañana, en un cuenco grande, mezcla con un tenedor el cultivo y el agua. Añade la harina y la sal. Mezcla hasta combinar todo bien y termina con las manos sin dejar grumos de harina. Cubre con un paño húmedo y deja reposar 1 h. Completa el cultivo con harina nueva y agua, y guárdalo como prefieras.

AÑADE EL RELLENO: Cuando la masa haya reposado, añade al cuenco el eneldo picado y el chédar. Incorpóralos amasando con suavidad durante aproximadamente 1 min. El aroma será fantástico. Tapa el cuenco y deja reposar 30 min.

PRIMERA FERMENTACIÓN CON ESTIRADO Y PLEGADO: Con las manos ligeramente humedecidas, toma una porción de la masa, estírala hacia arriba y pliégala hacia el centro del cuenco. Dale un cuarto de vuelta al cuenco y repite hasta completar un círculo y terminar la primera serie. Repite 3 o 4 series con intervalos de 15 min. Para más detalles, consulta la página 194.

Una vez terminado el estirado y plegado, cubre la masa con un paño húmedo y déjala reposar entre 8 y 10 h a temperatura ambiente (21 °C). Estará lista cuando haya doblado su volumen y se vean algunas burbujas en la superficie.

DALE FORMA: Pasa la masa a una superficie de trabajo ligeramente enharinada. Dale forma redonda u ovalada y deja reposar de 5 a 10 min. Cubre con un paño y espolvorea con harina un cuenco de 20 cm o una cesta de fermentación ovalada de 24 cm. Recoge la masa hacia abajo y ténsala con suavidad en la forma deseada. Pásala al recipiente con la costura hacia arriba.

SEGUNDA FERMENTACIÓN: Cubre la masa y déjala en el frigorífico entre 8 y 12 h, toda la noche. Precalienta el horno a 260 °C. Mientras el horno se calienta, deja la masa fuera del frigorífico. Corta una hoja de papel de horno a la medida de la olla.

GREÑA LA MASA: Cubre la masa con el papel de horno e invierte el recipiente para sacarla. Espolvoréala con harina y cúbrela frotando suavemente con las manos. Con la punta de un cuchillo pequeño o una hoja de afeitar hazle un corte por el centro. Transfiere la masa a la olla con el papel de horno.

HORNEA: Coloca la masa en el horno a media altura y baja la temperatura a 230 °C. Hornea 20 min con tapa. Retira la tapa y hornea otros 30 min. Saca el pan de la olla y acaba de hornearlo en la rejilla del horno los últimos 10 min. Antes de cortar, déjalo enfriar 1 h.

Este pan se mantendrá fresco 1 o 2 días a temperatura ambiente en una bolsa de plástico.

PAN CON ACEITUNAS, TOMILLO Y PARMESANO

Para 1 pan

El aroma de este pan de masa madre es increíble. Para darle variedad y color, me gusta combinar distintas variedades de aceitunas negras, moradas y verdes. Con su sabor a frutos secos y toque dulce, el parmesano va sobre la corteza después de hornear el pan.

Acerca de la masa: Al hornear, las aceitunas hacen de inyectores naturales de vapor, y la miga queda suave, tierna y esponjosa. Para que sostenga el peso de las aceitunas, me gusta añadir altura estirando y plegando la masa en la primera fermentación.

MASA

50 g de cultivo activo y burbujeante

360 g de agua tibia

470 g de harina de fuerza

30 g de harina común

9 g (1½ cdtas.) de sal marina fina

RELLENO

120 g de aceitunas mixtas sin hueso, picadas en trozos grandes

2 g de hojas de tomillo

Ralladura de 1 limón

40 g de queso parmesano rallado

Aceite de oliva para pintar

80 g de queso parmesano rallado para la cobertura

Unos días antes de hornear, alimenta el cultivo hasta que esté burbujeante y activo. Guárdalo a temperatura ambiente hasta que esté listo para usar.

CONSEJO: Para complementar las notas terrosas de este pan, sustituye 30 g de harina de fuerza por 30 g de harina integral. La acidez adicional de la harina integral potenciará el sabor de la masa.

PREPARA LA MASA: Mezcla con un tenedor en un cuenco grande el cultivo y el agua. Añade las harinas y la sal. Mezcla hasta obtener una masa firme y termina de amasar con las manos para incorporar bien la harina. Cubre con un paño húmedo y deja reposar 30 min. Completa el cultivo con harina fresca y agua, y guárdalo como prefieras.

AÑADE EL RELLENO: Cuando la masa haya reposado, añade al cuenco las aceitunas, el tomillo, la ralladura de limón y el parmesano. Intégralos con suavidad durante 1 min aproximado en la masa, a la que las aceitunas darán un ligero tono morado.

PRIMERA FERMENTACIÓN: Cubre el bol con un paño húmedo y deja reposar a temperatura ambiente hasta que doble su volumen. A 21 °C, tardará entre 8 y 10 h. Una vez lista, tendrá algunas burbujas en la superficie y al sacudir el bol de lado a lado se meneará un poco. *Paso opcional:* Unos 30 min después de la primera fermentación, estira y pliega la masa para darle estructura y altura. Repite este paso en dos o tres series con un intervalo de 30 min (para más detalles, consulta la p. 194).

DALE FORMA: Coloca la masa en una superficie ligeramente enharinada. Dale forma ovalada y déjala reposar 5-10 min. Cubre con un paño y espolvorea con harina una cesta de fermentación ovalada de 25 cm. Con las manos enharinadas, recoge la masa con delicadeza hacia abajo y tira de ella hacia ti para darle forma. Déjala en la cesta con la costura hacia arriba.

SEGUNDA FERMENTACIÓN: Cubre la masa y según la temperatura déjala reposar entre 30 min y 1 h hasta que se note esponjosa, pero no del todo leudada. Precalienta el horno a 230 °C. Corta una hoja de papel de horno a la medida del tamaño de la olla.

GREÑA LA MASA: Cubre la masa con el papel de horno e invierte la cesta para sacarla. Espolvoréala muy ligeramente con harina y frota la superficie para cubrirla. Más adelante vas a cubrir el pan con queso, por esta razón es mejor no poner demasiada harina en esta fase. Haz un corte a lo largo del centro con un cuchillo pequeño o una hoja de afeitar. Transfiere la masa a la olla con el papel de horno.

HORNEA: Pon la masa tapada en el horno a media altura 20 min. Retira la tapa y hornea otros 30 min. Saca el pan de la olla y termina de hornearlo directamente en la rejilla del horno los últimos 10 min. Antes de añadir el queso y cortar en rebanadas, deja enfriar 1 h .

AÑADE EL QUESO: Unta ligeramente con aceite la superficie del pan. Cúbrelo con el queso parmesano y presiona con suavidad para que se pegue.

A temperatura ambiente, este pan se mantendrá fresco hasta 1 día en una bolsa de plástico.

PAN CON CALABAZA Y ARÁNDANOS ROJOS

Para 1 pan

Un modo sencillo de diversificar tus panes de masa madre es añadir un puré a la masa. Una cucharada generosa de puré de calabaza da a la miga un bonito tono anaranjado. El sabor a calabaza no es pronunciado, pero los arándanos rojos remojados en zumo de naranja, la canela y las especias le dan al pan un aire estacional. Para su máximo efecto, disfruta de este pan un día fresco de otoño o con sobras de Acción de Gracias. A mi padre le gusta pasar por la sartén con mantequilla las rebanadas del día anterior.

Acerca de la masa: Esta masa se lleva el premio a la más mejorada. Al mezclarla la sentirás más pegajosa y densa de lo habitual. Una vez que repose (cuanto más tiempo, mejor), la textura se transformará en algo suave y esponjoso que te será difícil no tocar.

MASA

50 g de cultivo activo y burbujeante

250 g de agua tibia

184 g de puré de calabaza de calidad (no relleno para tarta)

500 g de harina de fuerza

9 g (1½ cdtas.) de sal marina fina

RELLENO

130 g de arándanos rojos secos

10 g de azúcar

5 g de extracto de vainilla puro

Una pizca de canela, jengibre y nuez moscada molidos

4 clementinas o 1 naranja

180 g de semillas de calabaza

Unos días antes de hornear, alimenta el cultivo hasta que esté burbujeante y activo. Guárdalo a temperatura ambiente hasta que esté listo.

CONSEJO: He probado muchas formas diferentes para que las nueces y las semillas se peguen a la masa del pan. Glaseado de huevo, clara de huevo, leche, nata... Esta técnica garantiza una mejor adherencia y vale la pena por las pocas semillas de calabaza que caen al suelo.

PREPARA LA MASA: En un cuenco grande, mezcla con un tenedor el cultivo, el agua y el puré de calabaza. Añade la harina y la sal. Combina hasta obtener una masa firme, y termina amasando a mano hasta que la harina se haya absorbido del todo. Cubre la masa con un paño húmedo y déjala reposar entre 45 min y 1 h. Completa el cultivo con más harina y agua, y guárdalo como prefieras.

Mientras tanto, pon en un cuenco pequeño los arándanos, el azúcar, la vainilla y las especias. Exprime las clementinas y cubre los arándanos con el zumo. No importa si no quedan del todo sumergidos. Remueve bien para mezclar. Prueba uno, están buenísimos. No los escurras.

AÑADE EL RELLENO: Cuando la masa haya reposado, añade al cuenco los arándanos con el zumo. Incorpóralos amasando con suavidad durante aproximadamente 1 min.

PRIMERA FERMENTACIÓN: Cubre el cuenco con un paño húmedo y deja reposar a temperatura ambiente (21 °C) de 6 a 8 h, o hasta que doble su volumen.

DA FORMA A LA MASA Y RECUBRE CON LAS SEMILLAS: Transfiere la masa a una superficie ligeramente enharinada. Dale forma ovalada y deja reposar durante 5 a 10 min. Mientras tanto, forra con un paño una cesta de fermentación ovalada de 25 cm y reserva. Esparce las semillas de calabaza en un paño de cocina húmedo.

Con las manos enharinadas, recoge con los dedos la masa hacia abajo y tira de ella hacia ti para tensarla. Unta la superficie y los lados con agua. Con un cortador de masa, coloca esta con la parte húmeda hacia abajo sobre las semillas de calabaza. Levanta los lados del paño y mueve un poco la masa de lado a lado para recubrirla. Pásala a la cesta con la costura hacia arriba.

SEGUNDA FERMENTACIÓN: Cubre la masa y déjala reposar entre 30 min y 1 h hasta que esté esponjosa, pero no haya subido del todo. Precalienta el horno a 230 °C. Corta una hoja de papel de horno a la medida del tamaño de la olla.

GREÑA LA MASA: Coloca el papel de horno sobre la masa e invierte la cesta para sacarla. Haz un corte a lo largo de la masa con la punta de un cuchillo pequeño de sierra o una hoja de afeitar. Intenta ser rápido y preciso, ya que es inevitable que la cuchilla dé en algunas de las semillas. Usa el papel de horno para pasar la masa a la olla.

HORNEA: Hornea la masa tapada a media altura 20 min. Retira la tapa y hornea otros 40 min. El tiempo de horneado adicional en la olla, en lugar de en la rejilla del horno, evitará que las semillas se quemen. Antes de cortar, deja enfriar 1 h.

Este pan se mantiene fresco hasta 1 día a temperatura ambiente en una bolsa de plástico.

ROLLO DE CANELA Y PASAS

Para 1 pan

De niña, mi almuerzo favorito en el colegio era pan de pasas y canela con queso crema sin corteza. Esta versión deliciosa con masa madre lo lleva a otro nivel, y gusta tanto a niños como a adultos. Las pasas y las nueces le dan textura y lo vuelven crujiente, y mientras se hornea llenará la casa de un aroma cálido y acogedor.

Acerca de la masa: Para crear un buen rollo, tienes que estirar la masa hasta formar un rectángulo largo y delgado. Cuanto más largo sea el rectángulo, más remolinos se formarán en el pan. No tiene que quedar perfecto, pero la idea es mantener la canela dentro para que no se salga al hornear.

MASA

50 g de cultivo activo y burbujeante
365 g de agua tibia
480 g de harina de fuerza
20 g de harina integral
9 g (1½ cdtas.) de sal marina fina

RELLENO

65 g de pasas
65 g de nueces

50 g de azúcar
6 g (2 cdtas.) de canela

Unos días antes de hornear, alimenta el cultivo hasta que esté burbujeante y activo. Guárdalo a temperatura ambiente hasta que esté listo.

PREPARA LA MASA: En un cuenco grande, mezcla con un tenedor el cultivo y el agua. Añade las harinas y la sal. Cubre con un paño húmedo y deja reposar entre 30 min y 1 h, según el tiempo que tengas. Completa el cultivo con harina nueva y agua, y guárdalo como prefieras.

Entretanto, mientras la masa reposa, remoja las pasas y las nueces en el agua tibia justa para cubrirlas. Escúrrelas bien antes de usar.

AÑADE EL RELLENO: Añade las pasas y las nueces al cuenco. Incorpóralas a la masa amasando con suavidad durante 1 min aproximado. En este punto la masa empezará a notarse algo pegajosa; agrega un poco de harina para ajustar la consistencia.

PRIMERA FERMENTACIÓN: Cubre el cuenco con un paño húmedo, y deja reposar entre 8 y 10 h a temperatura ambiente (21 °C) hasta que doble su volumen.

DA FORMA Y MONTA: Coloca la masa en una superficie ligeramente enharinada. Déjala reposar 10-15 min. En esta fase, un reposo más largo relaja la masa y facilita estirarla en un rectángulo. Forra con un paño y espolvorea con harina una cesta de fermentación ovalada de 25 cm. Mezcla el azúcar y la canela en un bol pequeño y reserva.

Con las manos enharinadas, estira con suavidad la masa hasta formar un rectángulo de unos 40 × 20 cm. Pinta ligeramente con agua la superficie de la masa. Espolvorea uniformemente por encima la mezcla de azúcar y canela dejando un borde de 5 cm arriba y abajo, y de 2,5 cm en los lados. Con el extremo corto hacia ti, enrolla la masa formando un cilindro y pellizca los extremos para sellarlos. Pásala a la cesta con la costura hacia arriba.

SEGUNDA FERMENTACIÓN: Cubre la masa y déjala reposar entre 30 min y 1 h hasta que esté esponjosa, pero no haya subido del todo. Precalienta el horno a 230 °C. Corta un trozo de papel de horno a la medida de la olla.

GREÑA LA MASA: Cubre la masa con el papel de horno e invierte la cesta para sacarla. Frota la superficie con harina. Con la punta de un cuchillo pequeño o una hoja de afeitar, haz 2 o 3 cortes diagonales, muy poco profundos para conservar el relleno. Usa el papel de horno para pasar la masa a la olla.

HORNEA: Hornea la masa tapada 20 min a media altura. Retira la tapa y sigue horneando 40 min. Cuando esté lista, antes de cortarlo, saca el rollo a una rejilla y déjalo enfriar 1 h.

Para mantenerlo lo más fresco posible, guarda este rollo en una bolsa de plástico a temperatura ambiente 1 día como máximo.

PAN CON CHOCOLATE Y CREMA DE CACAHUETE

Para 1 pan

Chocolate negro y crema de cacahuete. ¿Puede existir combinación mejor? Aunque este pan no necesariamente es dulce, un espolvoreo caprichoso de azúcar glas cubre la corteza adornada con almendras. Huele tan bien que querrás comerte la masa.

Acerca de la masa: Al mezclarla, la masa quedará muy firme debido al cacao en polvo, pero tras un reposo largo se volverá increíblemente suave y flexible. Debido a los deliciosos rellenos, el pan final es un poco más pesado que la mayoría.

MASA

50 g de cultivo activo y burbujeante
375 g de agua tibia
480 g de harina de fuerza
20 g de cacao en polvo
9 g (1½ cdtas.) de sal marina fina

RELLENO

90 g de pepitas de crema de cacahuete
90 g de pepitas de chocolate semidulce

180 g de almendras laminadas
Azúcar glas para espolvorear

Unos días antes de hornear, alimenta el cultivo hasta que esté burbujeante y activo. Guárdalo a temperatura ambiente hasta que esté listo.

> **CONSEJO:** Para mis masas madre de chocolate utilizo una mezcla de cacao natural y cacao holandés.

PREPARA LA MASA: En un cuenco grande, mezcla con un tenedor el cultivo y el agua. Añade la harina, el cacao en polvo y la sal. Mezcla hasta que se integren y termina con las manos para formar una masa rugosa. Tendrá un aspecto muy denso y pegajoso. Cúbrela con un paño húmedo y déjala reposar entre 45 min y 1 h. Repón el cultivo con harina fresca y agua, y guárdalo según tus preferencias.

AÑADE EL RELLENO: Cuando la masa haya reposado, agrega al cuenco las pepitas de crema de cacahuete y chocolate. Incorpóralas amasando con suavidad durante aproximadamente 1 min.

PRIMERA FERMENTACIÓN: Cubre el cuenco con un paño húmedo y deja reposar entre 8 y 10 h o más a 21 °C, hasta que doble su volumen. Estará lista cuando tenga un aspecto esponjoso y abombado.

DA FORMA A LA MASA Y RECÚBRELA DE ALMENDRAS: Pasa la masa a una superficie ligeramente enharinada. Dale forma redonda y deja reposar 5-10 min. Mientras tanto, forra con un paño un bol de 20 cm o una cesta de fermentación y reserva. Esparce las almendras en un paño de cocina húmedo.

Con las manos enharinadas, recoge hacia abajo la masa y tira de ella hacia ti con un movimiento circular para tensarla. Pinta ligeramente con agua la superficie y los lados. Con un cortador de masa, coloca la masa con la parte húmeda hacia abajo sobre las almendras. Levanta los lados del paño y muévelo de lado a lado para recubrir la masa. Pasa la masa al cuenco con la costura hacia arriba.

SEGUNDA FERMENTACIÓN: Cubre la masa y déjala reposar entre 30 min y 1 h hasta que esté esponjosa, pero no haya subido del todo. Precalienta el horno a 230 °C. Corta una hoja de papel de horno a la medida del tamaño de la olla.

Justo antes de hornear, cubre la masa con el papel de horno e invierte el cuenco para sacarla. Usa el papel de horno para pasar la masa a la olla. *Nota:* Por lo general, esta masa no se greña, aunque si lo prefieres puedes hacerlo.

HORNEA: Hornea la masa tapada a media altura 20 min. Retira la tapa y hornea otros 40 min. Antes de cortar, deja enfriar el pan durante 1 h en una rejilla. Para servir, espolvoréala generosamente con azúcar glas.

Este pan se mantiene fresco hasta 1 día en una bolsa de plástico a temperatura ambiente.

PAN CON JALAPEÑO, CHÉDAR Y CEBOLLINO

Para 1 pan

Los jalapeños encurtidos, picantes y avinagrados, son los protagonistas de este pan de masa madre. Con el cebollino, el pan huele a fajitas en el horno. Está increíble. El queso chédar aporta un buen y acusado contraste de sabor, pero lo he hecho con otro más suave y dulce, y sale igual de bueno. Es un pan ideal para compartir con amigos o para servir tostado con queso crema como tentempié a media tarde.

Acerca de la masa: El peso del queso en dados puede lastrar la masa mientras sube. Asegúrate de cortarlo en dados muy pequeños para obtener los mejores resultados. De otro modo, ten paciencia hasta que la masa doble su volumen.

MASA

50 g de cultivo activo y burbujeante

365 g de agua tibia

280 g de harina de fuerza

200 g de harina común

20 g de harina integral blanca o harina integral normal

9 g (1½ cdtas.) de sal marina fina

RELLENO

50 g de jalapeños enteros en escabeche

135 g de queso chédar cortado en dados de 6,3 mm

12 g de cebollino picado

Unos días antes de hornear, alimenta el cultivo hasta que esté burbujeante y activo. Guárdalo a temperatura ambiente hasta que esté listo.

NOTA SOBRE LA HARINA

En este pan emplea se una mezcla de harinas para crear una textura y un sabor únicos. La harina integral aporta un toque ácido y a frutos secos, la harina común, una textura esponjosa, y la harina de fuerza, rica en proteínas, ayuda a subir al pan.

PREPARA LA MASA: En un cuenco grande, bate con un tenedor el cultivo y el agua. Añade las harinas y la sal. Mezcla hasta formar una masa de aspecto rugoso y termina de amasar con las manos para incorporar bien la harina. Cubre con un paño húmedo y deja reposar 30 min. Mientras tanto, completa el cultivo con harina nueva y agua, y guárdalo como prefieras.

AÑADE EL RELLENO: Cuando la masa haya reposado, agrega los jalapeños, el chédar y el cebollino. Incorpora con suavidad el relleno con la masa durante aproximadamente 1 min.

PRIMERA FERMENTACIÓN: Cubre la masa con un paño húmedo y deja reposar a temperatura ambiente hasta que doble su volumen. Tardará entre 8 y 10 h a 21 °C.

DALE FORMA: Pasa la masa a una superficie de trabajo ligeramente enharinada. Dale forma redonda u ovalada y deja reposar de 5 a 10 min. Cubre con un paño y espolvorea con harina un cuenco de 20 cm o una cesta de fermentación ovalada de 24 cm. Recoge la masa hacia abajo y ténsala con suavidad en la forma deseada. Pásala al recipiente con la costura hacia arriba.

SEGUNDA FERMENTACIÓN: Cubre la masa y déjala reposar de 30 min a 1 h, hasta que esté esponjosa, pero no haya subido del todo. Precalienta el horno a 230 °C. Corta una hoja de papel de horno a la medida del tamaño de la olla.

GREÑA LA MASA: Cubre la masa con papel de horno e invierte el recipiente para sacarla. Espolvoréala con harina y frota con suavidad para cubrirla. Con la punta de un cuchillo pequeño o una hoja de afeitar, traza un greñado de la página 195. Usa el papel de horno para transferirla a la olla.

HORNEA: Hornea la masa tapada a media altura 20 min. Retira la tapa y hornea otros 30 min. Saca el pan de la olla y termina de hornearlo directamente en la rejilla del horno los últimos 10 min. Antes de cortarlo, déjalo enfriar en una rejilla 1 h.

Este pan se mantiene fresco 1 o 2 días a temperatura ambiente en una bolsa de plástico.

PAN CON AJO ASADO Y ROMERO

Para 1 pan

Este es uno de los panes que me gusta hacer para recibir invitados. El ajo asado blando, dulce y caramelizado a la perfección aporta un sabor profundo que intensifica el romero fresco. Basta un poco de aceite de oliva rico y sedoso para mojar. Lo que sobre es ideal para unos deliciosos sándwiches tostados de queso acompañados de una ensalada verde crujiente.

Acerca de la masa: Para aprovechar al máximo el tiempo, puedes asar el ajo mientras la masa reposa, o asarlo antes y congelarlo hasta usarlo. Los azúcares naturales pueden acelerar el tiempo de leudado de la masa, así que vigílala si andas cerca.

AJO ASADO

1 cabeza de ajos grande

Aceite de oliva para pintar

MASA

50 g de cultivo activo y burbujeante

365 g de agua tibia

480 g de harina de fuerza

20 g de harina integral

9 g (1½ cdtas.) de sal marina fina

1 g (2 cdtas.) de romero picado

Unos días antes de hornear, alimenta el cultivo hasta que esté burbujeante y activo. Guárdalo a temperatura ambiente hasta que esté listo.

ASA EL AJO: Precalienta el horno a 200 °C. Coloca la cabeza de ajos de lado y corta el tercio superior para dejar al descubierto los dientes. Rocíala con aceite de oliva y envuélvela en papel de aluminio. Ásala de 45 min a 1 h en una bandeja. El ajo quedará blando y caramelizado. Antes de añadirlo a la masa, déjalo enfriar un poco.

PREPARA LA MASA: En un cuenco grande, bate con un tenedor el cultivo y el agua. Añade las harinas y la sal. Mezcla hasta formar una masa rugosa y, a continuación, amasa con las manos para incorporar todos los trocitos de harina secos. Cubre con un paño húmedo y deja reposar durante 30 min. Mientras tanto, repón el cultivo con harina fresca y agua, y guárdalo según tus preferencias.

AÑADE EL AJO: Cuando la masa haya reposado, saca los dientes de ajo asados apretando la cabeza. Agrega el romero picado. Amasa con suavidad durante unos 30 s la masa para incorporar los ingredientes y a medida que avanzas, ve echando los dientes de ajo.

PRIMERA FERMENTACIÓN: Cubre la masa con un paño húmedo y déjala reposar entre 8 y 10 h a temperatura ambiente (21 °C) hasta que doble su tamaño.

DALE FORMA: En una superficie de trabajo ligeramente enharinada, da forma redonda a la masa y déjala reposar 5-10 min. Mientras tanto, forra con un paño y espolvorea con harina un cuenco de 20 cm o una cesta de fermentación. Con las manos enharinadas, recoge la masa con delicadeza hacia abajo y tira de ella hacia ti con un movimiento circular para tensarla. Pasa la masa al cuenco con la costura hacia arriba.

SEGUNDA FERMENTACIÓN: Cubre la masa y déjala reposar de 30 min a 1 h, hasta que esté esponjosa, pero no haya subido del todo. Precalienta el horno a 230 °C. Corta una hoja de papel de horno a la medida del tamaño de la olla.

GREÑA LA MASA: Cubre la masa con papel de horno e invierte el cuenco para desmoldarla. Espolvoréala con harina y frótala con suavidad con las manos. Con la punta de un cuchillo pequeño o una cuchilla de afeitar, haz ocho cortes de 10 cm de largo alrededor de la masa, o elige un greñado de la página 195. Utiliza el papel de horno para transferir la masa a la olla para hornear.

HORNEA: Hornea la masa tapada a media altura 20 min. Retira la tapa y hornea otros 30 min. Saca el pan de la olla y termínalo directamente en la rejilla del horno durante los últimos 10 min. Antes de cortar, déjalo enfriar 1 h en una rejilla.

Este pan se mantiene fresco 1 o 2 días a temperatura ambiente en una bolsa de plástico.

PAN CON DÁTILES, NUECES Y NARANJA

Para 1 pan

En este pan de masa madre, los dátiles blandos, dulces y pegajosos que se funden entre la miga aportan la sensación más fantástica, y la sentirás al primer bocado. Combinados con ralladura de clementina fresca y nueces tostadas, logran un sabor aromático delicioso. Va estupendamente con una tabla de embutidos y quesos.

Acerca de la masa: Por su contenido de harina integral, dátiles y nueces, esta es una masa densa y sustanciosa. Para conseguir los mejores resultados, pica las nueces y los dátiles bien pequeños para que su peso no lastre la masa mientras sube. Esta masa sube en una cesta de fermentación bien enharinada, lo cual añade un adorno caprichoso a la corteza.

MASA

50 g de cultivo activo y burbujeante
350 g de agua tibia
100 g de harina integral
100 g de harina de fuerza
200 g de harina común
9 g (1½ cdtas.) de sal marina fina

RELLENO

65 g de nueces picadas
6 dátiles medjoul, sin hueso y picados
Ralladura de 4 clementinas o 1 naranja grande

Unos días antes de hornear, alimenta el cultivo hasta que esté burbujeante y activo. Guárdalo a temperatura ambiente hasta que esté listo.

CONSEJO: Si los dátiles están secos, remójalos (enteros) en agua caliente antes de incorporarlos a la masa. Si están frescos no hace falta remojo, pero puede ser difícil cortarlos sin que se peguen al cuchillo. Para facilitar la operación, engrasa un poco el cuchillo o parte los dátiles con las manos en trocitos pequeños.

PREPARA LA MASA: En un cuenco grande, bate con un tenedor el cultivo y el agua. Echa las harinas y la sal. Mezcla hasta formar una masa rugosa, recogiendo los trozos secos de harina a medida que avanzas. Cubre con un paño húmedo y deja reposar entre 45 min y 1 h. Repón el cultivo con harina fresca y agua, y guárdalo según tus preferencias.

Mientras tanto, calienta una sartén antiadherente a fuego bajo. Tuesta unos 3 o 4 min las nueces hasta que desprendan aroma, removiendo de vez en cuando. Cuando estén lo bastante frías para manipularlas, pícalas menudas.

AÑADE EL RELLENO: Cuando la masa haya reposado, pon en el cuenco las nueces tostadas y los dátiles. Ralla la piel de las clementinas y añádela. Amasa con suavidad 1 min aproximado para incorporar todo.

PRIMERA FERMENTACIÓN: Cubre la masa con un paño húmedo y déjala reposar de 8 a 10 h o más a temperatura ambiente (21 °C) hasta que doble su volumen.

DALE FORMA: Pon la masa en una superficie de trabajo ligeramente enharinada, dale forma ovalada y déjala reposar 5–10 min. Espolvorea generosamente con harina una cesta de fermentación ovalada de 25 cm. Con las manos enharinadas, recoge la masa hacia abajo con cuidado y tira de ella hacia ti para tensarla. Pásala a la cesta con la costura hacia arriba.

SEGUNDA FERMENTACIÓN: Cubre la masa y déjala reposar de 30 min a 1 h, hasta que esté esponjosa, pero no subida del todo. Precalienta el horno a 230 °C. Corta una hoja de papel de horno a la medida del tamaño de la olla.

GREÑA LA MASA: Cubre la masa con el papel de horno e invierte la cesta para sacarla. Con la punta de un cuchillo pequeño o una hoja de afeitar, hazle un corte a lo largo. Pasa la masa a la olla con el papel de horno.

HORNEA: Hornea la masa tapada a media altura 20 min. Retira la tapa y hornea otros 30 min. Saca el pan de la olla y termínalo en la rejilla del horno los últimos 10 min. Pásalo a una rejilla metálica, y antes de cortar, déjalo enfriar durante 1 h.

Este pan se mantiene fresco hasta 1 o 2 días a temperatura ambiente en una bolsa de plástico.

PANES DE MOLDE

Además de panes caseros crujientes, la masa madre es ideal para hacer el mejor pan de molde, como el integral con miel (p. 65), el *brioche* ligero y esponjoso (p. 70) y el saludable pan danés de centeno (p. 73). Los pasos son los mismos, solo hace falta un molde (o dos) para empezar, así de sencillo. Quedas advertido: una vez que empieces a hacer estos panes en casa, nunca volverás a depender de los panes de molde industriales. Un buen pan de molde es habitual en todos los hogares, y no hay nada más gratificante que hornearlo tú mismo. No dudes en duplicar cualquiera de estas recetas para congelar.

PAN BLANCO RÚSTICO

Para 1 pan

Este pan tiene todo lo que adoras de la masa madre. Es increíblemente suave y masticable, y su sabrosa miga es ideal para tus ingredientes favoritos de sándwich. Añadir aceite acondiciona la masa y, en mi opinión, mantiene el pan fresco durante más tiempo. Este pan no está enriquecido con leche ni huevos, por tanto, es idóneo para quienes los tengan contraindicados.

Acerca de la masa: Las masas para sándwiches suelen ser más secas, lo cual ayuda a crear una miga compacta y uniforme. Si encuentras que la masa está demasiado dura para amasar a mano, utiliza una amasadora.

65 g de cultivo activo y burbujeante

300 g de agua tibia

12 g (1 cda.) de azúcar

15 g (1 cda.) de aceite, y algo más para untar el molde

400 g de harina de fuerza

100 g de harina común

9 g de sal fina

Unos días antes de hornear, alimenta el cultivo hasta que esté burbujeante y activo. Guárdalo a temperatura ambiente hasta que esté listo.

PREPARA LA MASA: En un cuenco grande, bate con un tenedor el cultivo, el agua, el azúcar y el aceite. Añade las harinas y la sal. Mezcla hasta obtener en una masa de aspecto rugoso y termina de amasar con las manos para absorber los grumos secos. Cubre con un paño húmedo y deja reposar de 30 min a 1 h. Mientras tanto, completa el cultivo con harina nueva y agua, y guárdalo como prefieras.

Cuando haya reposado, trabaja la masa unos 20 s hasta formar una bola semilisa. Quedará firme, pero mucho más blanda que antes.

PRIMERA FERMENTACIÓN: Cubre el cuenco con un paño húmedo y deja reposar la masa entre 8 y 10 h a temperatura ambiente (21 °C) hasta que doble su volumen.

DALE FORMA: Retira la masa y colócala en una superficie de trabajo ligeramente enharinada. Haz pequeños hoyuelos en la superficie de la masa con las yemas de los dedos para eliminar las burbujas de aire grandes. Extiende la masa con un rodillo hasta formar un cilindro y mete los extremos por debajo. Deja reposar durante 5-10 min. Mientras tanto, unta ligeramente con aceite un molde para pan de 23 × 13 cm. Con las manos enharinadas, forma un cuenco con la masa y tira de ella hacia ti para darle forma. Colócala en el molde con la parte sellada hacia abajo.

SEGUNDA FERMENTACIÓN: Cubre la masa y déjala reposar hasta que sobresalga unos 2,5 cm del molde. Dependiendo de la temperatura, esto tardará entre 1 y 2 h. Precalienta el horno a 190 °C.

HORNEA: Hornea a media altura unos 40-45 min. Cuando esté listo, el pan se verá bien subido y dorado. Déjalo enfriar en el molde 10 min y luego ponlo en una rejilla hasta que se enfríe por completo.

En una bolsa de plástico y a temperatura ambiente, este pan de molde se mantiene fresco de 3 a 5 días.

VARIANTE: Para hacer un pan más sustancioso, sustituye el agua por leche tibia, entera o semidesnatada, y cambia el aceite por mantequilla sin sal fundida.

PAN DE TRIGO INTEGRAL CON MIEL

Para 1 pan

No fue fácil decidirse por un pan integral a la vez blando y delicioso. Siempre que se usa harina integral para hacer pan se corre el riesgo de que quede seco y denso. ¿Quieres saber mi secreto? Abundante cultivo de masa madre para darle fuerza, leche para ablandar la miga y un pequeño toque de miel para endulzar. Lo mejor es la mantequilla pintada por encima al acabar. Incluye este pan en tu rutina de horneado y prepara varios para congelar y consumir toda la semana.

Acerca de la masa: Para obtener un pan más ligero, antes de la primera fermentación deja reposar la masa una hora entera. Esto impulsa el desarrollo del gluten sin amasar y aporta textura y altura al pan terminado. Para añadir más aire, también recomiendo utilizar una amasadora.

150 g de cultivo activo y burbujeante

270 g de leche tibia, entera o semidesnatada

30 g (2 cdas.) de agua tibia

40 g (2 cdas.) de miel

30 g (2 cdas.) de aceite, y más para untar el molde

120 g de harina integral o harina integral blanca

360 g de harina de fuerza

9 g (1½ cdtas.) de sal marina fina

14 g (1 cda.) de mantequilla sin sal, fundida

Unos días antes de hornear, alimenta el cultivo hasta que esté burbujeante y activo. Guárdalo a temperatura ambiente hasta que esté listo.

PREPARA LA MASA: En un cuenco grande, mezcla con un tenedor el cultivo, la leche, el agua, la miel y el aceite. Añade las harinas y la sal, mezcla hasta que se integren y acaba con las manos hasta que la masa tenga un aspecto rugoso. Cubre con un paño húmedo y deja reposar de 45 min a 1 h, según tu horario. Completa el cultivo con harina nueva y agua, y guárdalo como prefieras.

Cuando la masa haya reposado, trabájala con suavidad de 15 a 20 s hasta formar una bola semilisa. Cuando esté lista la notarás flexible y suave.

PRIMERA FERMENTACIÓN: Cubre el cuenco con un paño húmedo y déjala reposar de 6 a 8 h a temperatura ambiente (21 °C) hasta que doble su volumen. Cuando esté lista la verás abombada.

DALE FORMA: Pasa la masa a una superficie de trabajo ligeramente enharinada. Haz pequeños hoyuelos en la superficie con la punta de los dedos para eliminar burbujas de aire grandes. Extiende la masa con un rodillo en un cilindro y dobla los extremos hacia abajo. Deja reposar 5-10 min. Mientras tanto, unta con aceite un molde de 23 × 13 cm. Con las manos enharinadas, recoge la masa hacia abajo y tira de ella hacia ti para tensarla. Pásala al molde con la costura hacia abajo.

SEGUNDA FERMENTACIÓN: Cubre la masa y déjala reposar entre 1 h 30 min y 2 h, según la temperatura, hasta que sobresalga unos 2,5 cm por encima del borde del molde. Precalienta el horno a 190 °C.

HORNEA: Hornea la masa a media altura durante 40-45 min. Cuando esté listo, saca el pan del horno y unta la corteza con la mantequilla fundida. Déjalo enfriar en el molde durante 10 min y, a continuación, pásalo a una rejilla para que se enfríe completamente antes de cortarlo.

En una bolsa de plástico a temperatura ambiente, este pan se mantiene fresco 1 o 2 días.

NOTA SOBRE LA HARINA

Una de mis harinas favoritas es la integral blanca. Procede de una variedad de trigo de color más claro y sabor más suave que la harina integral tradicional: no es harina blanqueada. Para todas las recetas de este libro puedes sustituir la harina integral por harina integral blanca.

TOSTADAS DE FRUTAS Y PIPAS DE GIRASOL

Para 1 pan

En mi cocina tengo un estante de panadero con tarros diversos de frutas y frutos secos. Es tanto decorativo como funcional, pero más que nada inspirador para hacer panes de masa madre. Di con esta receta usando lo que tenía a mano y descubrí que en un pan fantástico y sustancioso: los albaricoques dulces y las pipas de girasol son una combinación formidable. Imagina una tostada gruesa de este pan con mantequilla, acompañada de un espumoso capuchino.

Acerca de la masa: Para obtener el mejor resultado, asegúrate de pesar los ingredientes y picar la fruta seca menuda, pues al remojarla se hincha. Me gusta preparar esta masa el viernes por la noche, para que repose a temperatura ambiente toda la noche. El sábado por la mañana le doy forma rápidamente y la horneo, justo a tiempo para el desayuno.

MASA

65 g de cultivo activo y burbujeante
325 g de agua tibia
500 g de harina de fuerza
9 g (1½ cdtas.) de sal marina fina

RELLENO

100 g de frutas secas variadas picadas, como cerezas, arándanos, pasas doradas y arándanos rojos

50 g de albaricoques secos (unos 5 enteros) en daditos

50 g de pipas de girasol

10 g (2 cdtas.) de extracto de vainilla puro

24 g (2 cdas.) de azúcar

1 g (½ cdta.) de canela

Mantequilla, para untar el molde

Unos días antes de hornear, alimenta el cultivo hasta que esté burbujeante y activo. Guárdalo a temperatura ambiente hasta que esté listo.

PREPARA LA MASA: En un cuenco grande, bate con un tenedor el cultivo y el agua. Añade la harina y la sal. Mezcla hasta que se integren y, a continuación, termina con las manos hasta formar una masa rugosa y desordenada. Cubre con un paño húmedo y deja reposar entre 45 min y 1 h, dependiendo de tu horario. Un reposo prolongado en esta fase facilita la incorporación de los rellenos. Repón el cultivo con harina fresca y agua, y guárdalo según tus preferencias.

Mientras tanto, remoja las frutas secas, albaricoques y pipas en el agua tibia justa para cubrirlos. Añade vainilla, azúcar y canela, y remueve. Escurre bien antes de usar.

AÑADE EL RELLENO: Cuando la masa haya reposado, añade al cuenco la mezcla de frutas. Amasa con suavidad 1 o 2 min para incorporar los ingredientes.

PRIMERA FERMENTACIÓN: Cubre el cuenco con un paño húmedo y deja reposar la masa entre 8 y 10 h o más a temperatura ambiente (21 °C) hasta que doble su volumen.

DALE FORMA: Pasa la masa a una superficie de trabajo ligeramente enharinada. Haz hoyuelos en la superficie con la punta de los dedos para sacar parte del aire. Extiende la masa con un rodillo hasta formar un cilindro y dobla los extremos hacia abajo. Déjala reposar 5–10 min. Mientras tanto, unta con mantequilla un molde para pan de 23 × 13 cm. Con las manos enharinadas, forma un cuenco con la masa y tira de ella hacia ti para darle forma. Pásala al molde con la costura hacia abajo.

SEGUNDA FERMENTACIÓN: Cubre la masa y déjala reposar hasta que sobresalga unos 2,5 cm del borde del molde. Según la temperatura, tardará entre 1 y 2 h. Precalienta el horno a 230 °C.

HORNEA: Pon la masa en el horno a media altura y baja la temperatura a 200 °C. Hornea de 45 a 50 min. A mitad del horneado, comprueba, y si la fruta se está dorando demasiado rápido, cubre el molde con papel de aluminio suelto. Antes de cortarlo, deja enfriar el pan en el molde 10 min y luego en una rejilla.

La humedad de la fruta seca mantiene fresco este pan 3 o 4 días. Guárdalo a temperatura ambiente en una bolsa de plástico.

PAN DE MOLDE MULTICEREALES

Para 1 pan

¿No te sientes más saludable solo con decir la palabra «multicereales»? Te encantará la textura y el sabor de esta masa madre que te hará sentir bien. Lo que la hace única es que lleva aceite de coco, que realza los sabores naturales de las semillas y aporta al pan un aroma cálido maravilloso. Es ideal para tostadas con mantequilla de almendras, rodajas de plátano y un chorrito de miel de azahar.

Acerca de la masa: Los cereales deben remojarse antes de usarlos, de lo contrario absorberían toda la humedad de la masa. Por este motivo, es posible que este pan de masa madre necesite unos minutos más de horneado. A cambio, el pan se mantiene fresco durante más tiempo. También vale la pena señalar que al dar forma a la masa, debes untar con un poco de aceite la superficie de trabajo. Esta técnica puede utilizarse en lugar de enharinarla para masas pegajosas como esta.

MASA

50 g de cultivo activo y burbujeante

300 g de agua tibia

20 g (1 cda.) de miel

45 g (3 cdas.) de aceite de coco líquido, y un poco más para pintar

50 g de harina integral

450 g de harina de fuerza

9 g (1½ cdtas.) de sal marina fina

MULTICEREALES

70 g de mezcla de cereales y semillas

240 g de agua caliente

Un puñadito de copos de avena para recubrir el pan

Unos días antes de hornear, alimenta el cultivo hasta que esté burbujeante y activo. Guárdalo a temperatura ambiente hasta que esté listo.

CONSEJO: Las mezclas de cereales se pueden adquirir en supermercados o internet. Para más información consulta la lista de fuentes (p. 196).

PREPARA LA MASA: En un cuenco grande, mezcla con un tenedor el cultivo, el agua, la miel y el aceite. Añade las harinas y la sal. Mezcla hasta obtener una masa de aspecto rugoso y luego amasa con las manos hasta incorporar bien la harina. Cubre con un paño húmedo y deja reposar 30 min. Repón el cultivo con harina fresca y agua, y guárdalo según tus preferencias.

Mientras tanto, echa los cereales en un cuenco y cúbrelos con 240 g (1 taza) de agua caliente. Déjalos en remojo mientras la masa reposa. Escúrrelos bien antes de usar.

AÑADE LOS MULTICEREALES: Incorpora los cereales al cuenco amasando con suavidad 1 min más o menos. Al principio notarás la masa húmeda y resbaladiza, pero a medida que la vayas manipulando será más fácil de trabajar.

PRIMERA FERMENTACIÓN: Cubre el cuenco con un paño húmedo y deja reposar la masa a temperatura ambiente hasta que doble su volumen. Tardará entre 6 y 8 h a 21 °C.

DALE FORMA: Retira la masa y colócala en una superficie ligeramente engrasada. Presiona la masa con las yemas de los dedos varias veces para eliminar las burbujas grandes de aire. Extiende la masa con un rodillo hasta formar un cilindro y mete los extremos por debajo. Deja reposar durante 5–10 min. Mientras tanto, unta ligeramente con aceite de coco un molde para pan de 23 × 13 cm. Con cuidado, forma un cuenco con la masa y tira de ella hacia ti para darle forma. Coloca la masa en el molde con la parte sellada hacia abajo.

SEGUNDA FERMENTACIÓN: Cubre la masa y déjala reposar hasta que sobresalga unos 2,5 cm del borde del molde. Según la temperatura, tardará entre 1 y 2 h.

Precalienta el horno a 230 °C. Pinta ligeramente la masa con agua y recúbrela con la avena.

HORNEA: Pon la masa en el horno a media altura y baja la temperatura a 200 °C. Hornea de 50 a 60 min. Deja enfriar el pan en el molde durante 10 min y, a continuación, pásalo a una rejilla para que se enfríe completamente antes de cortarlo.

La humedad de las semillas remojadas mantiene este pan fresco 2 o 3 días. Para una mayor frescura, guárdalo a temperatura ambiente en una bolsa de plástico.

BRIOCHE LIGERO Y ESPONJOSO

Para 1 pan

El *brioche*, un pan francés clásico enriquecido con mantequilla y huevos, tiene un lugar destacado en una categoría propia. Su miga tierna y aterciopelada está entre el pan y el bizcocho. Mi hijo fue al colegio con una rebanada de *brioche* y dijo: «Mamá, itu pan es sobresaliente!». Tiene cinco años.

Acerca de la masa: La masa de *brioche* es pegajosa. Es mejor usar una amasadora para incorporar el muy necesario aire y contrarrestar su densidad. También hará falta un lugar cálido para que suba, como un armario calentito o cerca de un radiador. Una vez que haya subido, enfría la masa durante la noche: es mucho más fácil dar forma a una masa pegajosa cuando está fría y firme.

MASA

500 g de harina de fuerza

9 g (1½ cdtas.) de sal marina fina

50 g de azúcar

250 g de cultivo activo y burbujeante

3 huevos grandes ligeramente batidos

120 g de leche tibia

113 g de mantequilla fría sin sal en dados, y algo más para recubrir

GLASEADO DE HUEVO

1 huevo grande

Un chorrito de agua

Unos días antes de hornear, alimenta el cultivo hasta que esté burbujeante y activo. Guárdalo a temperatura ambiente hasta que esté listo.

VARIANTE DE BOLLOS:

Divide la masa en 10 bolas de unos 100 g cada una. Hornéalas en una bandeja con papel de horno de 20 a 25 min a 200 °C hasta que se doren.

PREPARA LA MASA: Echa la harina, la sal y el azúcar en el bol de una amasadora equipada con el accesorio de paleta. Mézclalos brevemente. Con la amasadora en marcha, añade poco a poco el cultivo, los huevos y la leche tibia. Mezcla entre 2 y 3 min a velocidad baja hasta que se forme una masa pegajosa y desordenada y la harina se haya absorbido por completo. Raspa la pared del bol si es necesario. Cubre y deja reposar la masa durante 15 a 30 min. Mientras tanto, repón el cultivo con harina fresca y agua, y guárdalo según tus preferencias.

AÑADE LA MANTEQUILLA: Coloca el gancho para amasar en la amasadora. A velocidad baja, añade un dadito de mantequilla cada vez, esperando entre 10 y 20 s antes de agregar el siguiente. Aumenta a velocidad media y amasa entre 5 y 7 min o más hasta que la mantequilla se haya incorporado por completo. También estará tibia al tacto. Raspa la pared del bol cuando hayas terminado.

PRIMERA FERMENTACIÓN: Con las manos enharinadas, deposita la masa en un bol nuevo untado con mantequilla. Cúbrelo con un paño húmedo y deja que la masa fermente. Dependiendo de la temperatura, esto llevará entre 5 y 8 h o más. Una vez haya fermentado por completo, cubre la masa con film transparente ligeramente engrasado y llévala al frigorífico. Déjala enfriar durante toda la noche.

DALE FORMA: Por la mañana, unta ligeramente con mantequilla un molde para pan de 23 × 13 cm. Saca la masa fría y colócala en una superficie bien enharinada. Estará muy firme debido a la mantequilla fría. Para darle forma tienes dos opciones: para un pan tradicional, aplana la masa hasta formar un rectángulo y enróllala. Ponla con la unión hacia abajo en el molde para pan. O bien divide la masa en cuatro trozos de unos 265 g cada uno. Trabaja con un trozo cada vez, junta los extremos, da la vuelta a la masa y enróllala con suavidad formando una bola. Introduce los trozos de masa en el molde para pan con la parte unida hacia abajo. La masa quedará bien ajustada.

SEGUNDA FERMENTACIÓN: Cubre la masa con un paño húmedo y déjala reposar entre 1 h 30 min y 2 h o más hasta que esté esponjosa. Al estar fría, puede tardar más de lo habitual en subir y perder densidad. Si es así, siempre puedes devolverla al lugar cálido usado para la primera fermentación. La masa estará lista cuando sobresalga unos 2,5 cm del borde del molde.

Precalienta el horno a 200 °C. Mezcla el huevo batido con un chorrito de agua y pinta la masa con la mezcla hasta que quede bien cubierta.

HORNEA: Hornea el pan a media altura unos 40-45 min. Si empieza a dorarse demasiado rápido, cúbrelo con papel de aluminio suelto. Cuando esté listo, el pan se verá dorado y brillante. Déjalo enfriar en el molde 10 min y luego en una rejilla hasta que se enfríe del todo antes de cortarlo.

A temperatura ambiente y envuelto en film transparente, el *brioche* se mantendrá fresco hasta 2 días.

PAN DANÉS DE CENTENO

Para 1 pan

La primera vez que probé este pan sustancioso y denso en el buen sentido fue en una fiesta, cubierto de salmón ahumado, mantequilla, pepino laminado y eneldo: ¡delicioso! Me inspiró para crear mi propia versión, así que este pan está hecho principalmente con harina de centeno y lleno de crujientes frutos secos y semillas. Garantizo que engancha al primer bocado. Prueba una rebanada con lo sugerido aquí o con hummus cremoso y tomates jugosos para disfrutar de un aperitivo delicioso y saludable.

Acerca de la masa: La harina de centeno no contiene mucho gluten, por lo que después de mezclarla o dejarla reposar, esta masa no se volverá blanda y elástica. Es más parecida a la masa espesa de un bizcocho de jengibre. Esta masa necesita reposar durante 24 h, lo que dará al pan terminado un maravilloso sabor ácido. Se puede preparar por la mañana y hornear al día siguiente.

MASA

150 g de cultivo activo y burbujeante
360 g de agua tibia
20 g (1 cda.) de melaza no sulfurada
210 g de harina de centeno blanca
150 g de harina de fuerza
30 g de harina de centeno integral
5 g (1 cdta.) de sal marina fina

RELLENO

60 g de semillas de girasol
60 g de semillas de calabaza
30 g de almendras laminadas
45 g de semillas de lino dorado
20 g (2 cdas.) de semillas de sésamo

Aceite para untar la olla
Semillas adicionales para recubrir

OPCIONES PARA ACOMPAÑAR

Salmón ahumado
Pepino en rodajas finas
Cebolla roja en rodajas finas
Mantequilla sin sal
Eneldo fresco

Unos días antes de hornear, alimenta el cultivo hasta que esté burbujeante y activo. Guárdalo a temperatura ambiente hasta que esté listo.

PREPARA LA MASA: En un cuenco grande, bate el cultivo, el agua y la melaza. Añade las harinas y la sal. Remueve bien con una cuchara de madera. La textura será notablemente húmeda y pegajosa, y tendrá una consistencia similar al barro. Agrega los rellenos al cuenco y sigue removiendo hasta que se incorporen bien. Repón el cultivo con harina fresca y agua, y guárdalo según tus preferencias.

PRIMERA FERMENTACIÓN: Cubre la masa con film transparente y déjala reposar 24 h a temperatura ambiente (21 °C). La masa subirá, aunque puede no doblar su volumen, y la superficie se verá esponjosa y burbujeante.

MONTA: Unta con aceite un molde para pan de 23 × 13 cm. Pasa la masa al molde usando una lengua de goma para raspar los lados del cuenco. Alisa la superficie lo mejor que puedas. Cubre con más semillas para decorar el pan.

SEGUNDA FERMENTACIÓN: Cubre la masa y déjala reposar entre 1 h 30 min y 2 h hasta que haya subido hasta casi el borde del molde. En esta fase, la masa se verá espesa. Precalienta el horno a 200 °C.

HORNEA: Hornea el pan a media altura aproximadamente 1 h 20 min. Este pan no subirá mucho, así que no te asustes cuando eches un vistazo al horno. Cuando esté listo, la parte superior estará dorada y los lados despegados de los bordes del molde. Retíralo del horno y déjalo enfriar 10 min. Para una mejor textura, déjalo enfriar del todo varias horas en una rejilla.

A temperatura ambiente y bien envuelto en film transparente, este pan de centeno danés se conserva fresco una semana.

PANES INTEGRALES Y HARINAS ESPECIALES

✺✺✺

Las harinas de cereales integrales y especiales son muy apreciadas por su sabor tostado y terroso. Su complejidad natural casa a la perfección con la masa madre, por no hablar de sus muchos beneficios para la salud: son ricas en proteínas, fibra y nutrientes, y algunas hasta son bajas en gluten.

Para hacer pan de masa madre, sin embargo, el carácter singular de estas harinas requiere un enfoque algo distinto. Tienden a absorber más agua y suben más rápido, pero al hornear, la masa no alcanza tanta altura como la del pan blanco. Para que suba más en el horno, recomiendo estirar y doblar la masa durante la primera fermentación para darle estructura. En este capítulo conocerás las sutiles —y no tan sutiles— diferencias entre diversas harinas, como la integral, de espelta, sémola dorada, de centeno y de centeno integral. Es divertido investigar y experimentar, y no tendrás ningún problema para encontrar todo lo que necesitas en el supermercado o en internet.

PAN DE MASA MADRE INTEGRAL

Para 1 pan

¡Ay, el pan integral! Un paso en falso y acabas con una hogaza que sabe a leña. El secreto para obtener panes más ligeros y comestibles es conocer las propias harinas integrales. Lo habitual es que incluyan el salvado o el germen, que tienden a lastrar la masa. En el horno esta no subirá espectacularmente, pero sí tendrá el sabor intenso, profundo y a frutos secos que da ganas de comer pan integral.

Esta receta combina harina integral con harina común y de fuerza para darle volumen. Según mi experiencia, es mejor empezar con una proporción menor de harina integral y aumentarla poco a poco. Si no, tu pan de masa madre podría quedar demasiado denso.

Acerca de la masa: La harina integral tiende a absorber más agua que la blanca. Para obtener una textura óptima, antes de la primera fermentación deja reposar la masa más tiempo.

---

50 g de cultivo activo y burbujeante

375 g de agua tibia

20 g (1 cda.) de miel

120 g de harina integral

190 g de harina común

190 g de harina de fuerza

9 g (1½ cdtas.) de sal marina fina

Unos días antes de hornear, alimenta el cultivo hasta que esté burbujeante y activo. Guárdalo a temperatura ambiente hasta que esté listo.

PREPARA LA MASA: En un cuenco grande, mezcla con un tenedor el cultivo, el agua y la miel. Añade las harinas y la sal. Mezcla con las manos hasta obtener una masa rugosa y pegajosa. Cubre con un paño húmedo y deja reposar entre 45 min y 1 h, según tu horario. Repón el cultivo con harina fresca y agua, y guárdalo según tus preferencias.

Cuando la masa haya reposado, trabájala de 15 a 20 s hasta formar una bola semilisa.

PRIMERA FERMENTACIÓN: Cubre la masa con un paño húmedo y déjala reposar a temperatura ambiente (21 °C) de 6 a 8 h. Cuando esté lista habrá doblado su volumen y se meneará un poco al sacudir el cuenco. *Paso opcional:* Aproximadamente 30 min después de la primera fermentación, estira y dobla la masa para darle más estructura y altura. Repite esta técnica unas 2 o 3 veces con un intervalo de 30 min entre cada repetición (p. 194).

DALE FORMA: Pasa la masa a una superficie de trabajo ligeramente enharinada. Dale forma redonda y déjala reposar de 5 a 10 min. Forra con un paño y espolvorea con harina un cuenco de 20 cm o una cesta de fermentación. Con las manos enharinadas, recoge con suavidad la masa hacia abajo y tira de ella hacia ti con un movimiento circular para tensarla. Introdúcela en el cuenco con la costura hacia arriba.

SEGUNDA FERMENTACIÓN: Cubre la masa y déjala reposar de 30 min a 1 h hasta que esté esponjosa, pero no haya subido del todo. Precalienta el horno a 230 °C. Corta una hoja de papel de horno a la medida del tamaño de la olla.

GREÑA LA MASA: Cubre la masa con papel de horno e invierte el cuenco para sacarla. Espolvoréala generosamente con harina y frota la superficie con las manos. Con la punta de una hoja de afeitar, haz el greñado de alas de pájaro de la página 195, o como prefieras. Luego introduce la masa en la olla usando el papel de horno.

HORNEA: Hornea la masa tapada a media altura durante 20 min. Retira la tapa y hornea otros 30 min. Saca el pan de la olla y termínalo en la rejilla del horno los últimos 10 min. Antes de cortarlo, déjalo enfriar 1 h en una rejilla.

Lo mejor es disfrutar de este pan el día que se hornea. En una bolsa de plástico a temperatura ambiente se mantiene fresco 1 día como máximo.

PAN CON LINAZA DORADA Y ESPELTA

Para 1 pan

En este pan, la espelta une fuerzas con las semillas de lino dorado para crear el superalimento de masa madre definitivo. La harina de espelta, un cereal antiguo emparentado con el trigo, es cada vez más habitual en panadería. Su sabor suave se presta bien para diversas aplicaciones, y es menos amarga que otras harinas integrales. Ricas en ácidos grasos omega-3, las semillas de lino aportan una textura juguetona y elástica a la masa. Una vez hecho, el pan deleitará tus sentidos con sus notas terrosas profundas.

Acerca de la masa: Al ser la harina de espelta baja en gluten, se le añade harina de fuerza y común para crear volumen y estructura. Hay que señalar que las semillas de lino deben remojarse antes de usarlas. De lo contrario, absorberían toda el agua de la masa.

50 g de cultivo activo y burbujeante
365 g de agua tibia
180 g de harina integral de espelta
150 g de harina de fuerza
150 g de harina común
9 g (1½ cdtas.) de sal marina fina
60 g de semillas de lino dorado
Aceite para la superficie de trabajo

Unos días antes de hornear, alimenta el cultivo hasta que esté burbujeante y activo. Guárdalo a temperatura ambiente hasta que esté listo.

PREPARA LA MASA: En un cuenco grande, mezcla con un tenedor el cultivo y el agua. Añade las harinas y la sal, mezcla hasta integrar todo y acaba con las manos hasta que la masa tenga un aspecto rugoso. Cubre con un paño húmedo y deja reposar de 45 min a 1 h, según tu horario. Completa el cultivo con harina nueva y agua, y guárdalo como prefieras.

Mientras la masa reposa, remoja las semillas de lino en el agua tibia justa para cubrirlas. Antes de usarlas, enjuágalas y escúrrelas bien. Quedarán muy pegajosas y gelatinosas.

AÑADE LAS SEMILLAS DE LINO: Introduce las semillas en el cuenco. Si es necesario, amasa con ambas manos para incorporarlas. La masa estará muy resbaladiza, pero al cabo de 1 min aproximadamente estará menos pegajosa al tacto.

PRIMERA FERMENTACIÓN: Cubre la masa con un paño húmedo y déjala fermentar a temperatura ambiente hasta que doble su tamaño. A 21 °C, esto tardará entre 6 y 8 h. *Paso opcional:* Cuando hayan transcurrido más o menos 30 min de la primera fermentación, estira y dobla la masa para darle más estructura y altura. Repite esta técnica entre dos y tres veces con un intervalo de 45 min (p. 194).

DALE FORMA: Para contrarrestar la viscosidad de las semillas de lino, pasa la masa a una superficie ligeramente aceitada. Dale forma redonda y déjala reposar de 5 a 10 min. Forra con un paño y espolvorea con harina un cuenco de 20 cm o una cesta de fermentación. Con las manos enharinadas, recoge la masa con suavidad hacia abajo y tira de ella hacia ti con un movimiento circular para tensarla. Colócala en el cuenco con la costura hacia arriba.

SEGUNDA FERMENTACIÓN: Cubre la masa y déjala reposar de 30 min a 1 h, hasta que esté esponjosa, pero no subida del todo. Precalienta el horno a 230 °C. Corta una hoja de papel de horno a la medida del tamaño de la olla.

GREÑA LA MASA: Cubre la masa con papel de horno e invierte el cuenco para sacarla. Espolvoréala con harina y frota con suavidad la superficie para cubrirla. Introduce el dedo en el centro de la masa hasta tres cuartos de su profundidad. A continuación, con la punta de un cuchillo haz alrededor de la masa ocho cortes de 8 cm. Utiliza el papel de horno para poner la masa en la olla para hornear.

HORNEA: Hornea la masa tapada a media altura durante 20 min. Retira la tapa y continúa horneando durante 30 min. Saca el pan de la olla y termina de hornearlo en la rejilla del horno durante los últimos 10 min. Antes de cortar, ponlo en una rejilla metálica y déjalo enfriar durante 1 h.

Lo mejor es disfrutar de este pan el día que se hornea. Guárdalo a temperatura ambiente 1 o 2 días en una bolsa de plástico.

NOTA SOBRE LA HARINA

Cuando compres harina de espelta, verás que hay varios tipos. La integral incluye el salvado y se identifica con facilidad por las pequeñas motas que contiene. En la harina blanca se tamiza y elimina el salvado, y queda una textura más ligera y fina. Para esta receta sirven ambas. La harina de espelta se puede guardar en el congelador para prolongar su vida útil.

PAN MULTICEREALES POTENTE

Para 1 pan

Para esta receta necesitarás una bolsa de mezcla de cereales para añadir a la masa. Las bolsas suelen contener copos de centeno, avena, cebada, semillas y, a veces, harina de maíz para dar un leve punto dulce. Además de un sabor intenso, estos cereales aportan una gran textura. La miga es deliciosamente elástica al tacto. Este pan de masa madre es fantástico solo o tostado, con la cantidad generosa de sobras que quieras.

Acerca de la masa: Si la mezcla de cereales contiene semillas de linaza o chía, al remojarlas se vuelven gelatinosas, y hacen que la masa quede demasiado pegajosa. Para que trabajarla no sea como despegar chicle de la suela del zapato, aceita la superficie de trabajo (en lugar de enharinarla). Si ves muchas burbujas en la superficie de esta masa, indican una fermentación saludable.

MASA

50 g de cultivo activo y burbujeante
325 g de agua tibia
40 g (2 cdas.) de miel
150 g de harina integral de espelta
350 g de harina de fuerza
9 g (1½ cdtas.) de sal marina fina

MULTICEREALES

70 g de mezcla de cereales y semillas
240 g de agua caliente

Aceite para la superficie de trabajo

Unos días antes de hornear, alimenta el cultivo hasta que esté burbujeante y activo. Guárdalo a temperatura ambiente hasta que esté listo.

PREPARA LA MASA: En un cuenco grande, bate con un tenedor el cultivo, el agua y la miel. Echa las harinas y la sal. Mezcla hasta obtener una masa de aspecto rugoso y desgreñado, y termina de amasar con las manos para incorporar bien la harina. Cubre con un paño húmedo y deja reposar entre 45 min y 1 h. Completa el cultivo con harina nueva y agua, y guárdalo como prefieras.

Mientras la masa reposa, remoja los cereales en 240 g (1 taza) de agua caliente. Escúrrelos bien antes de usarlos.

AÑADE LOS GRANOS: Añade los cereales al cuenco e incorpóralos amasando durante 1 min. Notarás la masa húmeda y resbaladiza, pero se volverá más manejable a medida que la vayas trabajando.

PRIMERA FERMENTACIÓN: Cubre el cuenco con un paño húmedo y deja que la masa suba hasta que doble su tamaño. A temperatura ambiente (21 °C), esto llevará entre 6 y 8 h. *Paso opcional:* Cuando hayan transcurrido unos 30 min de la primera fermentación, estira y dobla la masa para darle más estructura y altura. Repite esta técnica entre 2 y 3 veces con un intervalo de 45 min (p. 194).

DALE FORMA: Pasa la masa a una superficie de trabajo ligeramente aceitada. Dale forma redonda y déjala reposar de 5 a 10 min. Mientras tanto, forra con un paño un cuenco de 20 cm o una cesta de fermentación. Espolvorea el interior con harina. Con las manos enharinadas, coge la masa con cuidado y tira de ella hacia ti con un movimiento circular para darle forma. Coloca la masa en la cesta con la parte lisa hacia arriba.

SEGUNDA FERMENTACIÓN: Cubre la masa y déjala reposar de 30 min a 1 h, hasta que esté esponjosa, pero no haya subido del todo. Precalienta el horno a 230 °C. Corta una hoja de papel de horno a la medida del tamaño de la olla.

GREÑA LA MASA: Cubre la masa con el papel de horno e invierte el recipiente para sacarla. Espolvoréala con harina y cúbrela frotando con suavidad con las manos. Con la punta de un cuchillo pequeño o una hoja de afeitar, traza el greñado de alas de pájaro de la página 195 o como prefieras. Utiliza el papel de horno para introducir la masa en la olla para hornear.

HORNEA: Hornea la masa tapada a media altura durante 20 min. Retira la tapa y sigue horneando durante 30 min. Saca el pan de la olla y termina de hornearlo en la rejilla del horno durante los últimos 10 min. Antes de cortar, pásalo a una rejilla metálica y déjalo enfriar durante 1 h.

La humedad de las semillas mantiene fresco este pan 1 día o 2. Guárdalo a temperatura ambiente en una bolsa de plástico.

PAN DE CENTENO LIGERO

Para 1 pan

Lo confieso: antes creía que el centeno en la masa madre haría que todo supiera a sándwiches de pastrami. ¿Conoces ese sabor clásico del pan de centeno? Que no me malinterpreten, los sándwiches de pastrami están ricos. Sin embargo, tras varios experimentos comprobé que por sí sola la harina de centeno es bastante suave. Lo que define ese sabor característico es lo que se le añade, como semillas de alcaravea. El centeno combina a la perfección con la masa madre, así que te animo a probar. Combina este pan caliente o tostado con una loncha de chédar y mermelada de albaricoque.

Acerca de la masa: En esta receta se usa harina de centeno blanca o ligera, distinta de la de centeno integral. Es más clara y de textura menos gruesa. Como el centeno también es bajo en gluten, aquí se le agrega harina de fuerza para darle estructura y altura. Esta masa fermenta rápido, así que vigílala cuando empiece a subir.

50 g de cultivo activo y burbujeante

365 g de agua tibia

20 g (1 cda.) de miel

100 g de harina de centeno blanca

400 g de harina de fuerza

9 g (1½ cdtas.) de sal marina fina

Unos días antes de hornear, alimenta el cultivo hasta que esté burbujeante y activo. Guárdalo a temperatura ambiente hasta que esté listo.

PREPARA LA MASA: En un cuenco grande, mezcla con un tenedor el cultivo, el agua y la miel. Añade las harinas y la sal. Mezcla hasta obtener una masa de aspecto rugoso. Cubre con un paño húmedo y deja reposar 30 min. Completa el cultivo con harina nueva y agua, y guárdalo como prefieras.

Cuando la masa haya reposado, trabájala unos 15 s hasta formar una bola bastante lisa.

PRIMERA FERMENTACIÓN: Cubre el cuenco con un paño húmedo y deja reposar la masa hasta que doble su volumen, lo cual tardará entre 6 y 8 h a unos 21 °C. *Paso opcional:* Pasados unos 30 min de la primera fermentación, estira y pliega la masa para que gane estructura y altura. Repite dos o tres series con un intervalo de 45 min (p. 194).

DALE FORMA: Pasa la masa a una superficie bien enharinada. Dale forma redonda u ovalada y déjala reposar 5-10 min. Forra con un paño y espolvorea con harina un cuenco de 20 cm o una cesta de fermentación ovalada de 25 cm. Con las manos enharinadas, coge la masa con cuidado y dale la forma deseada. Colócala con la parte sellada hacia arriba en el recipiente de fermentación.

SEGUNDA FERMENTACION: Cubre la masa y déjala reposar entre 30 y 45 min, según la temperatura, hasta que esté esponjosa, pero no haya subido del todo. Precalienta el horno a 230 °C. Corta una hoja de papel de horno a la medida de la olla.

GREÑA LA MASA: Cubre la masa con el papel de horno e invierte el recipiente para sacarla. Espolvoréala con harina y cúbrela frotando con suavidad con las manos. Elige un greñado de la página 195 o, si lo prefieres, hazle un corte a lo largo. Luego pasa la masa a la olla usando el papel de horno.

HORNEA: Hornea la masa tapada a media altura durante 20 min. Retira la tapa y continúa horneando durante 30 min. Saca el pan de la olla y termina de hornearlo en la rejilla del horno durante los últimos 10 min. Antes de cortar, ponlo en una rejilla metálica y déjalo enfriar durante 1 h.

A temperatura ambiente en una bolsa de plástico, este pan se mantiene fresco hasta 1 día.

PAN DE PIPAS DE GIRASOL TOSTADAS

Para 1 pan

Esta mezcla de harinas terrosas, una de mis favoritas en este capítulo, crea un pan de masa madre armonioso del que te seducirá cada rebanada. Es un pan excelente para sándwiches saludables y para disfrutar con ensaladas verdes aliñadas con vinagre balsámico. Las semillas de girasol tostadas, aunque rebeldes y dadas a acabar por el suelo, llevan la corteza a otro nivel.

Acerca de la masa: Esta masa nació de la pura experimentación. Notarás que tiene una textura única, ligeramente arenosa por la sémola y un poco fangosa por el centeno. Después de un largo reposo inicial, absorberá toda el agua que necesita para suavizar la textura y facilitar el moldeado de la masa.

50 g de cultivo activo y burbujeante

365 g de agua tibia

100 g de sémola

100 g de harina integral blanca

50 g de harina de centeno blanca

300 g de harina de fuerza

9 g (1½ cdtas.) de sal marina fina

180 g de pipas de girasol, para recubrir

Unos días antes de hornear, alimenta el cultivo hasta que esté burbujeante y activo. Guárdalo a temperatura ambiente hasta que esté listo.

PREPARA LA MASA: En un cuenco grande, mezcla con un tenedor el cultivo y el agua. Añade las harinas y la sal. Mezcla hasta formar una masa rugosa y termina de amasar con las manos hasta que la harina se haya absorbido por completo. Cubre con un paño húmedo y deja reposar entre 45 min y 1 h. Mientras tanto, rellena el cultivo con harina fresca y agua, y guárdalo según tus preferencias.

Cuando la masa haya reposado, trabájala unos 15 o 20 s hasta formar una bola bastante lisa.

PRIMERA FERMENTACIÓN: Cubre el cuenco con un paño húmedo y deja reposar la masa entre 6 y 8 h a unos 21 °C hasta que doble su volumen. *Paso opcional:* Pasados unos 30 min de la primera fermentación, estira y dobla la masa para que gane estructura y altura. Repite dos o tres series con un intervalo de 45 min (p. 194).

DA FORMA A LA MASA Y RECUBRE DE PIPAS: Pasa la masa a una superficie enharinada. Dale forma ovalada y déjala reposar de 5 a 10 min. Mientras, forra con un paño una cesta de fermentación ovalada de 25 cm y reserva. Esparce las semillas de girasol en un paño de cocina húmedo.

Con las manos enharinadas, recoge la masa hacia abajo y tira de ella hacia ti para tensarla. Pinta ligeramente con agua la superficie y los lados. Con un cortador de masa, coloca la masa con la parte húmeda hacia abajo sobre las semillas. Levanta el paño por los lados y haz girar un poco la masa para que se recubra. Pasa la masa a la cesta con la costura hacia arriba.

SEGUNDA FERMENTACIÓN: Cubre la masa y déjala reposar de 30 min a 1 h, hasta que esté esponjosa, pero no haya subido del todo. Precalienta el horno a 230 °C. Corta una hoja de papel de horno a la medida del tamaño de la olla.

GREÑA LA MASA: Cubre la masa con el papel de horno e invierte el recipiente para sacarla. Espolvoréala con harina y cúbrela frotando con suavidad con las manos. Con la punta de un cuchillo pequeño u hoja de afeitar, hazle un corte a lo largo. Pasa la masa a la olla usando el papel de horno.

HORNEA: Hornea la masa tapada a media altura 20 min. Retira la tapa y hornea otros 40 min. Cuando el pan esté listo, antes de cortarlo déjalo enfriar 1 h en una rejilla.

En una bolsa de plástico a temperatura ambiente, este pan se mantiene fresco hasta 1 día.

PAN DE SÉMOLA DORADA CON SÉSAMO

Para 1 pan

La sémola es una harina de un bonito color amarillo pálido, hecha con trigo duro. Es más gruesa que la harina normal, y al frotarla entre los dedos notarás su textura de arena fina. El sabor no es muy pronunciado, pero su versatilidad permite hacer pasteles, galletas saladas, bollos y hasta pizzas. Te encantará la textura aterciopelada y suave que aporta a este pan de masa madre, y también su precioso color dorado.

Acerca de la masa: Al combinarla con agua, la sémola hará que al principio la masa tenga una textura muy granulada. Intuitivamente, querrás añadir más harina de fuerza para igualar la textura, pero resiste la tentación, o quedará demasiado seca. Después de reposar, la masa se vuelve mucho más suave y agradable de trabajar.

50 g de cultivo activo y burbujeante

350 g de agua tibia

250 g de sémola

275 g de harina de fuerza

9 g (1½ cdtas.) de sal marina fina

120 g de semillas de sésamo para espolvorear

Unos días antes de hornear, alimenta el cultivo hasta que esté burbujeante y activo. Guárdalo a temperatura ambiente hasta que esté listo.

PREPARA LA MASA: En un cuenco grande, mezcla con un tenedor el cultivo y el agua. Añade las harinas y la sal. Mezcla hasta incorporar bien y acaba con las manos hasta que la harina se absorba del todo. Cubre con un paño húmedo y deja reposar entre 45 min y 1 h. Repón el cultivo con harina fresca y agua, y guárdalo según tus preferencias.

Cuando la masa haya reposado, trabájala de 15 a 20 s hasta formar una bola bastante lisa. En esta fase notarás la masa mucho más suave.

PRIMERA FERMENTACIÓN: Cubre el cuenco con un paño húmedo y deja reposar la masa entre 6 y 8 h a temperatura ambiente, unos 21 °C, hasta que doble su volumen. *Paso opcional:* Pasados unos 30 min de la primera fermentación, estira y dobla la masa para que gane estructura y altura. Repite dos o tres series con un intervalo de 45 min (p. 194).

DA FORMA A LA MASA Y RECUBRE DE SEMILLAS: Retira la masa y colócala en una superficie de trabajo ligeramente enharinada. Dale forma redonda y déjala reposar entre 5 y 10 min. Mientras, forra con un paño un bol de 20 cm o una cesta de fermentación. Esparce las semillas de sésamo en un paño de cocina húmedo.

Con las manos enharinadas, recoge con suavidad la masa hacia abajo y tira de ella hacia ti con un movimiento circular para tensarla. Pinta ligeramente con agua la superficie y los lados. Con un cortador de masa, pon la masa con la parte húmeda hacia abajo sobre las semillas. Levanta el paño por los lados y haz girar la masa para que se recubra. Pasa la masa a la cesta con la costura hacia arriba.

SEGUNDA FERMENTACIÓN: Cubre la masa y déjala reposar de 30 min a 1 h, hasta que esté esponjosa, pero no subida del todo. Precalienta el horno a 230 °C. Corta una hoja de papel de horno a la medida del tamaño de la olla.

GREÑA LA MASA: Cubre la masa con el papel de horno e invierte el recipiente para sacarla. Con un cuchillo pequeño de sierra o una hoja de afeitar, haz tres cortes de 10 cm de largo en forma de triángulo. Pasa la masa a la olla usando el papel de horno.

HORNEA: Hornea la masa tapada a media altura 20 min. Retira la tapa y hornea otros 40 min. Antes de cortarlo, deja enfriar el pan 1 h en una rejilla.

Para la máxima frescura, guárdalo a temperatura ambiente en una bolsa de plástico: dura hasta 1 día.

PUMPERNICKEL RÚSTICO

Para 1 pan

Este pan de masa madre es intenso, con un punto dulce y de un bonito color caramelo. Lleva harina de centeno integral elaborada a partir de granos de centeno de molido grueso. La corteza queda muy crujiente, y la miga, sustanciosa, con un toque a hinojo. Me encanta en sándwiches a la parrilla con pavo, queso suizo fundido y ensalada de col. O prueba unas rebanadas con la reconfortante sopa *ribollita* toscana (p. 167).

Acerca de la masa: Al tener la harina de centeno integral poco gluten, la masa quedará muy firme, como barro húmedo, cuando se mezcla. Suena apetitoso, ¿no? Añade el aceite cuando la masa haya reposado. Esto, que empezó como un error, fue uno de los errores afortunados que mejoran el pan. Pon la masa en una cesta de fermentación bien enharinada para crear líneas caprichosas en la corteza.

50 g de cultivo activo y burbujeante
365 g de agua tibia
40 g (2 cdas.) de melaza no sulfurada
120 g de harina de centeno integral
380 g de harina de fuerza
9 g (1½ cdtas.) de sal marina fina
30 g (2 cdas.) de aceite
5 g (1 cda.) de semillas de hinojo (opcional)

Unos días antes de hornear, alimenta el cultivo hasta que esté burbujeante y activo. Guárdalo a temperatura ambiente hasta que esté listo.

PREPARA LA MASA: En un cuenco grande, mezcla con un tenedor el cultivo, el agua y la melaza. Agrega las harinas y la sal. Mezcla hasta obtener una masa espesa y densa y, a continuación, termina de amasar con las manos hasta que se absorba la harina. Cubre con un paño húmedo y deja reposar entre 45 min y 1 h. Mientras, repón el cultivo con harina fresca y agua, y guárdalo según tus preferencias.

Cuando la masa haya reposado, vierte en el cuenco el aceite y las semillas de hinojo, si las usas. Incorpóralos amasando suavemente hasta que el aceite se absorba bien. La masa estará mucho más blanda y menos rígida que antes.

PRIMERA FERMENTACIÓN: Cubre el cuenco con un paño húmedo y deja reposar la masa entre 8 y 10 h a temperatura ambiente (21 °C) hasta que doble su volumen.

DALE FORMA: Pasa la masa a una superficie ligeramente enharinada. Dale forma redonda y déjala reposar entre 5 y 10 min. Mientras, espolvorea con harina una cesta de fermentación de 20 cm. Con las manos enharinadas, coge la masa con cuidado y tira de ella hacia ti con un movimiento circular para darle forma. Coloca la masa en la cesta con la parte sellada hacia arriba.

SEGUNDA FERMENTACIÓN: Cubre la masa y déjala reposar entre 1 h 30 min y 2 h, según la temperatura, hasta que esté esponjosa, pero no haya subido del todo. Precalienta el horno a 230 °C. Corta una hoja de papel de horno a la medida del tamaño de la olla.

GREÑA LA MASA: Cubre la masa con el papel de horno e invierte la cesta para sacarla. Con la punta de un cuchillo pequeño o una hoja de afeitar, haz alrededor de la masa cuatro cortes superficiales de 10 cm a las 3, 6, 9 y 12, y luego cuatro cortes en forma de hoja entre ellos. Pasa la masa a la olla usando el papel de horno.

HORNEA: Hornea la masa tapada a media altura 20 min. Retira la tapa y hornea otros 40 min. Si el pan se dora demasiado rápido debido al azúcar de la melaza, cúbrelo con un papel de aluminio suelto. Antes de cortarlo, deja enfriar el pan 1 h en una rejilla.

A temperatura ambiente en una bolsa de plástico, este pan se conserva 1 o 2 días.

FOCACCIA, BOLLOS Y OTRAS DELICIAS

La *focaccia* es el sueño de cualquier panadero ocupado. Casi no hay que manipular la masa, y se puede incluir de varias maneras en cualquier programa de horneado semanal. Hago al menos una vez a la semana *focaccia* básica sin amasar (p. 92) para hacer pizza rápida y fácil y acompañar una sopa. La textura es ligera, crujiente y adictiva. Aquí van también varias recetas de masa madre para bollos, grisines y una versión actualizada de la baguete. Aunque son todos diferentes, estos panes de masa madre tienen dos características en común: son fáciles de hacer y gustan a todo el mundo.

FOCACCIA BÁSICA SIN AMASAR

Para 1 focaccia grande

La cuestión es que hasta que no hayas probado la auténtica *focaccia* casera, no has probado la *focaccia*. No hablo de esos panes planos, pálidos, decepcionantes y faltos de horno que sirven en las franquicias. Hablo de *focaccia* de masa madre, generosamente rociada con aceite de oliva y horneada a la perfección con una corteza tan crujiente que parece frita. Las esquinas son lo mejor. La *focaccia* auténtica, de fermentación natural y servida caliente, es uno de los grandes placeres de la vida.

Acerca de la masa: La *focaccia* no requiere mucho esfuerzo. Déjala subir toda la noche, entre 12 y 18 h. A continuación, pon la masa en una bandeja bien engrasada y hazle hoyuelos con los dedos. Me gusta preparar la masa por la noche para hornearla por la mañana. Antes de servirla, la recaliento en el horno a baja temperatura para sorprender a mis invitados (o a mí misma) durante la semana.

Nota: Para controlar la larga fermentación nocturna, en la masa usa agua fría en lugar de tibia. Ayuda a evitar que fermente demasiado o se hunda por la mañana.

MASA

50 g de cultivo activo y burbujeante
375 g de agua fría
20 g (1 cda.) de miel
500 g de harina común
9 g (1½ cdtas.) de sal marina fina

45 g (3 cdas.) de aceite de oliva para untar la bandeja

COBERTURAS OPCIONALES

Hojas de romero
Dientes de ajo con la piel intacta
Sal en escamas

Unos días antes de hornear, alimenta el cultivo hasta que esté burbujeante y activo. Guárdalo a temperatura ambiente hasta que esté listo.

PREPARA LA MASA: Por la noche, mezcla con un tenedor en un cuenco grande el cultivo, el agua y la miel. Añade la harina y la sal. Mezcla hasta integrarlos y acaba con las manos para incorporar del todo la harina. La masa quedará muy pegajosa. Completa el cultivo con harina nueva y agua, y guárdalo como prefieras.

PRIMERA FERMENTACIÓN: Cubre el cuenco con un paño húmedo y deja reposar toda la noche a temperatura ambiente (21 °C) entre 12 y 18 h. La masa doblará (o más) su volumen, al sacarla del cuenco tendrá un aspecto fibroso, y pueden aparecer algunas burbujas en la superficie.

SEGUNDA FERMENTACIÓN: Por la mañana, vierte el aceite de oliva en una bandeja de horno con borde y extiéndelo con la mano por el fondo y los lados. Pasa la masa a la bandeja y luego dale la vuelta para que el aceite cubra ambos lados. En este momento no es necesario estirar la masa, que parecerá un pegote. Cúbrela y déjala reposar de 1 h 30 min a 2 h, o hasta que esté muy hinchada. Precalienta el horno a 220 °C.

MONTA LA *FOCACCIA*: Estira con suavidad la masa hasta darle una forma rústica rectangular u ovalada, de unos 36 × 23 cm o mayor. La masa no llegará hasta las esquinas y los lados de la bandeja. Con las yemas de los dedos, haz hoyuelos en la masa presionando hasta el fondo de la bandeja. Si lo deseas, presiona las hojas de romero y los dientes de ajo en la masa y espolvorea con sal en escamas.

HORNEA: Hornea la *focaccia* 25-30 min o hasta que esté crujiente y dorada. Retírala del horno, déjala enfriar antes de cortarla en porciones con una rueda de pizza o un cuchillo grande. Sírvela caliente.

Envuelta en papel de aluminio y a temperatura ambiente, esta *focaccia* se conserva hasta 2 días. Para mejorar la textura, recaliéntala un poco antes de servir.

CONSEJOS: No escatimes en la cantidad de aceite para untar la bandeja. No solo evita que la masa se pegue, sino que también ayuda a conseguir una corteza auténtica y crujiente. Usa aceite de oliva normal en lugar de virgen extra, que tiende a quemarse con rapidez debido a su bajo punto de humeo. También puedes hornear esta *focaccia* durante 30 min a 220 °C en una bandeja de horno de 23 × 33 cm.

FOCACCIA DE TOMATE Y ALBAHACA SIN AMASAR

Para 1 focaccia grande

Los secretos del sabor extra de esta variante de la *focaccia* básica sin amasar (p. 92) son marinar los tomates en aceite de oliva y añadir semillas de hinojo machacadas. El calor intenso del horno concentra el sabor de los tomates cortados por la mitad, y los vuelve más dulces. Me encanta servir esta *focaccia* con mozarela fresca o burrata y un chorrito de vinagre balsámico añejo y espeso.

Acerca de la masa: Esta *focaccia* se hornea en un molde rectangular que abraza la masa al hornearla y forma una corteza increíble en los bordes. Su forma se presta también para hacer sándwiches deliciosos: basta cortarla por la mitad horizontalmente, rellenar con los ingredientes que se quiera y tostarla en una plancha para bocadillos.

Receta de *focaccia* básica sin amasar (p. 92)

45 g (3 cdas.) de aceite de oliva para untar la bandeja

TOMATES MARINADOS

270 g de tomates cherri enteros

2 g (1 cdta.) de semillas de hinojo o de hierbas provenzales

Una pizca de azúcar

15 g (1 cda.) de aceite de oliva

Sal y pimienta negra recién molida

Hojas de albahaca fresca para servir

Unos días antes de hornear, alimenta el cultivo hasta que esté burbujeante y activo. Guárdalo a temperatura ambiente hasta que esté listo.

PREPARA LA MASA: Sigue las instrucciones para la *focaccia* básica sin amasar de la página 92. Cuando acabe la primera fermentación, sigue con el siguiente paso.

SEGUNDA FERMENTACIÓN: Vierte el aceite de oliva en una bandeja de horno de 23 × 33 cm. Utiliza las manos para cubrir uniformemente el fondo y los lados. Coloca la masa en la bandeja y dale la vuelta para que ambos lados queden cubiertos de aceite. Tapa y deja reposar entre 1 h 30 min y 2 h, o hasta que esté muy esponjosa.

MARINA LOS TOMATES: Mientras la masa reposa, corta los tomates cherri por la mitad y ponlos en un cuenco poco profundo. Machaca un poco con un cuchillo las semillas de hinojo y añádelas al cuenco con una pizca de azúcar. Rocía con aceite de oliva y sazona con sal y pimienta. Mezcla con suavidad y deja que se fusionen los sabores hasta que la *focaccia* esté lista para hornear. Precalienta el horno a 220 °C.

MONTA LA *FOCACCIA*: Estira suavemente la masa hasta llegar a las esquinas y los lados del molde. Reparte los tomates por encima con una cuchara y reserva el jugo en el cuenco. Haz pequeños hoyuelos en toda la masa presionando los tomates contra ella a medida que avanzas.

HORNEA: Hornea 30 min o hasta que la *focaccia* esté bien crujiente y los tomates asados y oscuros. Sírvela caliente, cortada en trozos y con hojas de albahaca fresca. Estará mejor el mismo día que se haga.

FOCACCIA CROQUE MONSIEUR RELLENA CON RICOTA Y QUESO SUIZO

Para 1 focaccia grande

¿Has probado alguna vez el *croque monsieur*? Es un sándwich frito crujiente con mantequilla, jamón y queso muy popular en los bistrós franceses. Aquí, unas finas lonchas de jamón y queso suizo entreveradas en la masa de *focaccia* crean el sándwich definitivo de masa madre relleno. La superficie se pinta con mostaza de Dijon picante y se remata generosamente con ricota cremosa. Sírvela caliente e invita a quien quieras a un buen trozo recién horneado. Este, amigos, es el paraíso de la masa madre.

Acerca de la masa: El truco para hacer *focaccia* rellena es darle forma de sándwich. Para obtener los mejores resultados, al ir preparando la masa, estírala y hazle hoyuelos del modo más uniforme posible. Evitará que se formen grandes cavidades y favorecerá un horneado uniforme.

MASA

50 g de cultivo activo y burbujeante

400 g de agua fría

20 g (1 cda.) de miel

450 g de harina común

50 g de harina integral

9 g (1½ cdtas.) de sal marina fina

45 g (3 cdas.) de aceite de oliva para untar

COBERTURA

8 lonchas de queso suizo

8 lonchas de jamón curado de buena calidad

20 g (1 cda.) de mostaza de Dijon

250 g de ricota de leche entera

Unos días antes de hornear, alimenta el cultivo hasta que esté burbujeante y activo. Guárdalo a temperatura ambiente hasta que esté listo.

PREPARA LA MASA: Por la noche, mezcla con un tenedor en un cuenco grande el cultivo, el agua y la miel. Agrega las harinas y la sal. Mezcla hasta que se integren y termina con las manos para formar una masa rugosa y desordenada. Repón el cultivo con harina fresca y agua, y guárdalo según tus preferencias.

PRIMERA FERMENTACIÓN: Cubre el cuenco con un paño húmedo y deja reposar la masa entre 12 y 18 h, toda la noche, a temperatura ambiente (21 °C). Estará lista cuando haya doblado o triplicado su volumen.

DIVIDE: Pasa la masa a una superficie de trabajo ligeramente enharinada. Córtala por la mitad con un cuchillo húmedo o un cortador de masa. Cubre con 30 g (2 cdas.) de aceite de oliva una bandeja con borde. Vierte los 15 g restantes (1 cda.) en un plato grande; no hace falta otra bandeja. Pon una parte de la masa en la bandeja y la otra en el plato.

SEGUNDA FERMENTACIÓN: Cubre cada trozo de masa con un paño húmedo. Déjalos reposar de 1 h 30 min a 2 h, o hasta que estén hinchados. Precalienta el horno a 220 °C.

MONTA LA *FOCACCIA*: Estira suavemente la masa en la bandeja hasta darle una forma rectangular de unos 36 × 23 cm o más. Distribuye uniformemente 4 lonchas de queso suizo y 4 de jamón por encima. Estira el otro trozo de masa y cubre con él el jamón y el queso para formar un sándwich. Estira y haz hoyuelos en la superficie, une los bordes con la punta de los dedos para sellar la masa y distribuir el peso de manera uniforme.

Unta generosamente la masa con mostaza de Dijon. Rompe las lonchas restantes de queso suizo y jamón, y ponlas encima. Presiónalas ligeramente para que no se salgan al hornear. Añade una cucharada de queso ricota.

HORNEA: Hornea la *focaccia* 30-40 min, o hasta que esté bien dorada. El queso burbujeará, el jamón quedará algo crujiente, y la ricota, caliente y cremosa. Olerá increíble. Córtala en cuñas o cuadrados. Sírvela caliente.

Envuelta en papel de aluminio a temperatura ambiente, esta *focaccia* se conserva hasta 2 días. Puedes comerla así o recalentarla.

PIZZA DE *FOCACCIA* SIN AMASAR CON PESTO Y FONTINA

Para 1 focaccia grande

Las pizzas de *focaccia* son el secreto mejor guardado de la cocina casera. Siempre que tengas algo de masa, se preparan rápido cualquier noche de la semana. Esta se cubre con pesto de albahaca fresca y, para terminar, queso fontina cremoso. La corteza queda dorada y crujiente, y el interior, ligero y esponjoso. Te garantizo que le harás la competencia a tu pizzería local. Harán falta muchas servilletas.

Acerca de la masa: Para un sabor añadido, esta *focaccia* lleva una generosa cucharada de pesto de albahaca sobre la masa. Olerá increíble cuando empiece a subir.

MASA

50 g de cultivo activo y burbujeante

400 g de agua fría

18 g (1 cda. colmada) de pesto de albahaca

500 g de harina común

5 g (1 cdta.) de sal marina fina

45 g (3 cdas.) de aceite de oliva para recubrir

COBERTURA DE PESTO Y QUESO

120-160 g de pesto de albahaca

125 g de queso fontina rallado

Una pizca de copos de pimiento rojo

Queso parmesano al gusto

Un puñado de hojas frescas de albahaca

Unos días antes de hornear, alimenta el cultivo hasta que esté burbujeante y activo. Guárdalo a temperatura ambiente hasta que esté listo.

PREPARA LA MASA: Por la noche, mezcla con un tenedor en un cuenco grande el cultivo, el agua y el pesto. Agrega la harina y la sal. Mezcla hasta que se incorporen bien y termina con las manos hasta que no queden grumos de harina. Repón el cultivo con harina fresca y agua, y guárdalo según tus preferencias.

PRIMERA FERMENTACIÓN: Cubre la masa con un paño húmedo y déjala reposar toda la noche, entre 12 y 18 h, a temperatura ambiente (21 °C). Al sacarla del cuenco, habrá doblado su volumen (o más) y tendrá un aspecto fibroso.

SEGUNDA FERMENTACIÓN: Vierte el aceite de oliva en una bandeja de horno con borde y extiéndelo por el fondo y los lados. Pasa la masa a la bandeja, y dale la vuelta para que el aceite cubra ambos lados. Cubre y deja reposar de 1 h 30 min a 2 h, o hasta que esté hinchada. Precalienta el horno a 220 °C.

MONTA LA *FOCACCIA*: Haz pequeños hoyuelos en la superficie de la masa, estira y redondea los lados hasta formar un óvalo rústico. El tamaño debe ser de unos 36 × 23 cm. Extiende el pesto sobre la masa, alisándolo con el dorso de una cuchara. E. No añadas el queso todavía.

HORNEA: Hornea la *focaccia* 25 min. Retírala del horno y espolvorea el queso fontina por encima. Hornéala de 5 a 7 min más o hasta que el queso esté burbujeante y fundido. Antes de servir, espolvorea con copos de pimiento rojo, queso parmesano y pesto extra al gusto. Esparce las hojas de albahaca fresca por encima. Córtala en rebanadas y sírvela caliente. Esta *focaccia* se disfruta mejor el día que se prepara.

FOCACCIA SIN AMASAR CON PEPITAS DE CHOCOLATE, QUESO CREMA Y NUTELLA

Para 1 focaccia de sartén

Mi amor por el pan de masa madre de chocolate llega hondo, y probablemente podría escribir y comerme un libro entero sobre el tema. La *focaccia* no es una excepción. Esta va cubierta de queso crema y crema de chocolate con avellanas, que al hornear se funden lentamente en la masa. Recomiendo arrancar un trozo y mojar en el centro caliente. El horneado en mantequilla fundida es un deleite añadido.

Acerca de la masa: Notarás esta masa muy firme después de mezclarla debido al cacao en polvo. Añadir agua la ablandará, y una vez que haya subido, quedará hermosa y flexible. Para obtener los mejores resultados, asegúrate de mezclar bien la harina y el cacao en polvo antes de añadir el resto de los ingredientes. Así evitarás que la masa salga rayada.

MASA

500 g de harina común

20 g de cacao en polvo

5 g (1 cdta.) de sal marina fina

50 g de cultivo activo y burbujeante

400 g de agua fría

20 g (1 cda.) de miel

5 g (1 cdta.) de extracto de vainilla puro

90 g de pepitas de chocolate semidulce, y si es necesario más

70 g (5 cdas.) de mantequilla sin sal fundida

COBERTURA

2 cdas. grandes de nutella o crema de chocolate con avellanas

2 cdas. grandes de queso crema

Un puñadito de frambuesas, granos de granada y fresas

Azúcar glas para servir

Unos días antes de hornear, alimenta el cultivo hasta que esté burbujeante y activo. Guárdalo a temperatura ambiente hasta que esté listo.

PREPARA LA MASA: Por la noche, en un cuenco grande, mezcla con un tenedor la harina, el cacao en polvo y la sal. Añade el cultivo, el agua, la miel y la vainilla. Mezcla hasta combinar todo bien y termina con las manos hasta tener una masa de aspecto rugoso y desgreñado. Tapa el cuenco y deja reposar de 45 min a 1 h. Mientras tanto, completa el cultivo con harina nueva y agua, y guárdalo como prefieras.

Cuando la masa haya reposado, echa en el cuenco las pepitas de chocolate. Incorpóralas amasando con suavidad 1 min más o menos.

PRIMERA FERMENTACIÓN: Cubre el cuenco con un paño húmedo y deja reposar toda la noche, entre 12 y 18 h, a temperatura ambiente (21 °C).

SEGUNDA FERMENTACIÓN: Funde la mantequilla en una cacerola pequeña a fuego lento o en el microondas. Viértela en una sartén de hierro fundido de 25 cm y cubre el fondo. Deja enfriar unos min antes de agregar la masa. Pon la masa en la sartén y dale la vuelta para cubrir ambos lados de mantequilla. Tapa y deja reposar 1 h o más, hasta que esté hinchada. Según la temperatura ambiente, en esta fase la mantequilla puede solidificarse. Precalienta el horno a 220 °C.

MONTA LA *FOCACCIA*: Haz pequeños hoyuelos en la masa y estírala hasta los bordes de la sartén. Espolvorea un puñadito de pepitas de chocolate más y apriétalas sobre la masa para que se adhieran.

HORNEA: Hornea la *focaccia* 35–40 min. Retírala del horno y déjala enfriar 10 min. Unta un poco de nutella por encima y luego añade una cucharada de queso crema en el centro. Cuando esté lista para servir, cúbrela con frambuesas, granos de granada y fresas. Espolvorea generosamente con azúcar glas. Disfrútala mientras aún está caliente.

FOCACCIA DE RECCO

Para 2 focacce redondas crujientes

Sí, lo sé. Parece más una quesadilla que una *focaccia* al uso. Pero es una *focaccia* al estilo de Liguria, un pan plano, crujiente y fino relleno de queso cremoso fundido. Es irresistible. Tradicionalmente se hace con stracchino, un queso de leche de vaca suave y delicado. El stracchino puede ser difícil de encontrar, así que, como alternativa, lo he preparado con mascarpone y fontina a modo de puesta al día.

Acerca de la masa: Para esta receta en particular, lo importante es cómo se estira la masa. Se hace al estilo de las pizzerías, pero sin lanzarla al aire, y dejando que el peso natural de la masa haga el trabajo. El queso se coloca por encima, se cubre con otra lámina de masa y se hornea hasta que quede crujiente. Para hornear la *focaccia* necesitarás dos moldes desmontables de 25 cm o una bandeja pequeña para pizza.

MASA

75 g de cultivo activo y burbujeante

220 g de agua tibia

15 g (1 cda.) de aceite de oliva, y un poco más para recubrir

400 g de harina de fuerza

9 g (1½ cdtas.) de sal marina fina

RELLENO

70 g de queso mascarpone

30 g de queso fontina rallado

Sal y pimienta negra recién molida, al gusto

Un puñado pequeño de berros o rúcula

Unos días antes de hornear, alimenta el cultivo hasta que esté burbujeante y activo. Guárdalo a temperatura ambiente hasta que esté listo.

CONSEJO: También puedes rellenar esta *focaccia* con embutido, como jamón serrano o *soppressata* picante, o con finas rodajas de berenjena frita y brócoli rabe.

PREPARA LA MASA: En un cuenco mediano, mezcla con un tenedor el cultivo, el agua y el aceite de oliva. Añade la harina y la sal. Combina en una masa basta y termina de amasar con las manos para incorporar bien la harina. Cubre con un paño húmedo y deja reposar 1 o 2 h. En esta fase la masa no necesita subir mucho, pero cuanto más tiempo repose, más fácil será de extender y estirar.

Completa el cultivo con harina nueva y agua, y guárdalo como prefieras.

RELLENO DE QUESO: Pon el mascarpone y el fontina rallado en un cuenco pequeño. Sazona ligeramente con sal y pimienta y mezcla con un tenedor. Refrigera la mezcla hasta que esté lista para usar.

EXTIENDE Y DALE FORMA: Unta con aceite de oliva el fondo de dos moldes desmontables de 25 cm y reserva.

Coloca la masa en una superficie de trabajo ligeramente enharinada. Divídela en 4 partes iguales (no es necesario pesarlas). Extiende una parte en forma de círculo de 20 cm. Levántala y estira suavemente los bordes, y gira durante 1 min más o menos con un movimiento circular para crear un círculo grande.

Cuando la masa haya crecido de forma visible, haz un puño y cúbrelo con la masa. Con la otra mano debajo, usa ambas para girar la masa empleando los nudillos para estirarla y tirar de ella. Estará lista cuando tengas una lámina circular grande y fina como una servilleta de papel. Debería quedar traslúcida: mírala ante una ventana para comprobarlo. *Nota:* Si sientes que la masa se resiste, o necesitas descansar, cuelga la masa en el respaldo de una silla y déjala reposar 5 min.

MONTA LA *FOCACCIA*: Cubre la bandeja engrasada con la masa dejando que sobresalga por los lados. Esparce por la superficie la mitad de la mezcla de queso fría. Extiende y estira un segundo trozo de masa y cúbrelo con el queso. Tendrá el aspecto de una tarta. Deja reposar durante 10 min y, a continuación, recorta la masa sobrante por los lados. Mientras tanto, extiende, da forma y monta con el queso los 2 trozos de masa restantes. Precalienta el horno a 260 °C.

HORNEA: Pinta las *focacce* con aceite de oliva y espolvorea sal. Haz unos cortes en la capa superior para que salga el vapor. Hornea 7 u 8 min. Se hincharán y quedarán doradas y crujientes cuando estén listas. Antes de cortarlas en porciones, déjalas enfriar 1 o 2 min, ¡si puedes esperar tanto!

Decora con berros o rúcula para darles un toque de color verde fresco antes de servir.

BOLLITOS SEPARABLES

Para 12 bollitos

Estos son los bollos más demandados en nuestra casa. Les encantan a todos, son increíblemente blandos y algo dulces, con apenas un toque de mantequilla para dar sabor. Están deliciosos solos, pero a los niños les encanta engullirlos con mantequilla y mermelada. La masa, muy versátil, sirve también para hacer deliciosos panecillos para sándwiches.

Acerca de la masa: Para acertar con esa miga blanda y desmenuzable, necesitarás una amasadora que incorpore aire a la masa. Dado el peso de la mantequilla y los huevos, requiere fuerza adicional para subir, así que la amasadora viene a ser el ingrediente secreto. Los bollos se pueden moldear y refrigerar durante la noche para intensificar el sabor.

MASA

240 g de leche entera o semidesnatada

60 g de agua

28 g (2 cdas.) de mantequilla sin sal, y un poco más para recubrir

1 huevo grande

200 g de cultivo activo y burbujeante

24 g (2 cdas.) de azúcar

450 g de harina de fuerza

5 g (1 cdta.) de sal marina fina

GLASEADO DE HUEVO

1 huevo grande

Un chorrito de agua

Unos días antes de hornear, alimenta el cultivo hasta que esté burbujeante y activo. Guárdalo a temperatura ambiente hasta que esté listo.

VARIANTE DE SÁNDWICH Y PAN DE HAMBURGUESA:

Forma 8 bolas con la masa de unos 125 g cada una. Pinta la parte superior con glaseado de huevo y aplánalas un poco para que no queden tan redondas (la masa volverá a subir al hornear). Hornea a 200 °C durante 25 min o hasta que estén doradas.

PREPARA LA MASA: Calienta en una cacerola pequeña a fuego lento, o en el microondas, la leche, el agua y la mantequilla. Deja enfriar un poco antes de añadir a la masa.

Mientras, echa 1 huevo, el cultivo y el azúcar en el cuenco de la amasadora con el accesorio de paleta. Mézclalos a velocidad baja. Añade poco a poco la mezcla de leche tibia, seguida de la harina y la sal. Mezcla entre 1 y 2 min hasta tener una masa húmeda y pegajosa. La textura será muy similar a la de la masa de bizcocho. Raspa los lados del cuenco al terminar. Tapa y deja reposar 30 min. Completa el cultivo con harina nueva y agua, y guárdalo como prefieras.

Cuando la masa haya reposado, pon el gancho amasador y amasa a velocidad media-baja entre 6 y 8 min. La masa no mantendrá forma de bola, pero tendrá un aspecto brillante y liso cuando esté lista. Raspa otra vez los lados del cuenco.

PRIMERA FERMENTACIÓN: Pasa la masa a un cuenco nuevo ligeramente untado de mantequilla. Cubre la masa y déjala fermentar en un lugar cálido. Puede ser junto a un radiador, encima del frigorífico o en un armario. Déjala reposar entre 6 y 8 h, según la temperatura, hasta que doble su volumen.

DALE FORMA: Unta ligeramente con mantequilla un molde 23 × 33 cm.

Pasa la masa a una superficie ligeramente enharinada. Con las puntas de los dedos enharinadas, aplánala con suavidad en forma de rectángulo. Con un cuchillo o un cortador de masa enharinado, córtala en 12 trozos de unos 85 g cada uno. Toma los extremos, dale la vuelta y forma una bola con cada trozo. Pasa las bolas a la bandeja en filas de 4 y columnas de 3.

SEGUNDA FERMENTACIÓN: Cubre la bandeja con un paño húmedo y deja reposar 1 h o más, según la temperatura. Cuando esté lista, la masa debe verse esponjosa, pero no haber subido del todo. Otra posibilidad es cubrir la masa con film transparente ligeramente aceitado y enfriarla hasta 8 h durante la noche. Deja que vuelva a estar a temperatura ambiente antes de hornear 1 h más o menos. Precalienta el horno a 200 °C. Mezcla el huevo restante con un poco de agua y pinta la parte superior de la masa para darle brillo.

HORNEA: Hornea los bollos a media altura 35-40 min, hasta que hayan subido del todo y estén dorados. Sírvelos calientes o a temperatura ambiente, al estilo familiar, para compartir y partir con las manos.

Estos bollos se conservan 2 o 3 días. Para la máxima frescura, guárdalos en una bolsa de plástico a temperatura ambiente.

PANECILLOS PARA TODAS LAS OCASIONES

Para 10 a 12 panecillos

Estos panecillos son fantásticos para casi todo: minibocadillos, sopa, tentempiés... La masa es ligeramente dulce y cuando se le añade leche, tiene una cualidad de levadura. No podrás resistir comerlos calientes recién salidos del horno.

Acerca de la masa: Da gusto trabajar esta masa: es firme y fácil de darle forma. Usa harina común y de fuerza para conseguir una textura blanda, pero consistente. Para gestionar tu tiempo, puedes enfriarla cuando haya fermentado del todo y hornearla cuando te venga bien. La masa fría es muy práctica para horneados espontáneos de masa madre.

100 g de cultivo activo y burbujeante
240 g de agua tibia
80 g de leche entera o semidesnatada
24 g (2 cdas.) de azúcar
360 g de harina de fuerza
140 g de harina común
9 g (1½ cdtas.) de sal marina fina
Harina de maíz o sémola para recubrir

Unos días antes de hornear, alimenta el cultivo hasta que esté burbujeante y activo. Guárdalo a temperatura ambiente hasta que esté listo.

PREPARA LA MASA: En un cuenco grande, mezcla con un tenedor el cultivo, el agua, la leche y el azúcar. Añade las harinas y la sal. Mezcla hasta integrarlos y termina a mano hasta que la harina se haya absorbido por completo. Cubre con un paño húmedo y deja reposar 30 min. Mientras tanto, completa el cultivo con harina nueva y agua, y guárdalo como prefieras.

Cuando la masa haya reposado, trabájala entre 15 y 20 s hasta formar una bola semilisa.

PRIMERA FERMENTACIÓN: Cubre el cuenco con un paño húmedo y déjala reposar entre 8 y 10 h a temperatura ambiente (21 °C) hasta que doble su tamaño. Como alternativa, una vez que haya subido por completo, cubre la masa con film transparente ligeramente engrasado y déjala reposar durante la noche.

DALE FORMA: Cubre una bandeja de horno con papel de horno y espolvorea con harina de maíz. Reserva. En una superficie ligeramente enharinada, aplana con suavidad la masa en forma de rectángulo. Con un cuchillo o cortador de masa enharinado, córtala en 12 trozos iguales de unos 80 g cada uno. Toma los extremos, da la vuelta a la masa y enrolla cada trozo hasta formar una bola. Coloca las bolas en la bandeja de horno, 3 en cada fila y 4 en cada columna.

SEGUNDA FERMENTACIÓN: Cubre la masa y déjala reposar aproximadamente 1 h o hasta que esté hinchada. Si estás trabajando con la masa fría, deja reposar más tiempo, según la temperatura. Precalienta el horno a 200 °C.

GREÑA LA MASA: Espolvorea ligeramente los panecillos con harina de maíz. Con la punta de un cuchillo pequeño o una hoja de afeitar, haz un corte de unos 4 cm de largo, en línea recta por el centro, en la parte superior de cada panecillo.

HORNEA: Hornea los panecillos a media altura unos 25-30 min. Estarán listos cuando el color pase de rubio blanquecino a dorado. Déjalos enfriar en la bandeja y sírvelos calientes.

A temperatura ambiente en una bolsa de plástico, estos panecillos se conservan hasta 1 día.

BOLLOS DE ASIAGO CON MANZANA DULCE Y ROMERO

Para 12 bollos

Llenos de sabor y con un interior blando y masticable, estos deliciosos bollos son de los que hay que hacer. Disfrútalos solos o con una sopa de calabaza cremosa. ¡Lo mejor es el queso! Montones de queso asiago se derriten formando una corteza que envuelve las manzanas dulces y el romero. Ya verás al probarlos. Si decides servirlos en tu próxima reunión festiva, verás que también dan pie a excelentes conversaciones.

Acerca de la masa: Esta masa se mantiene bien cuando se enfría. Cuando haya subido del todo, puedes enfriarla en el frigorífico durante toda la noche. De esta manera, puedes dar forma y hornear los bollos cuando te apetezca, quizá justo antes de la cena.

MASA

50 g de cultivo activo y burbujeante
350 g de agua tibia
500 g de harina de fuerza
9 g (1½ cdtas.) de sal marina fina

RELLENO

80 g de rodajas de manzana seca
1 g (2 cdtas.) de romero picado

220 g de queso asiago o chédar blanco rallado

Unos días antes de hornear, alimenta el cultivo hasta que esté burbujeante y activo. Guárdalo a temperatura ambiente hasta que esté listo.

CONSEJO: Lo mejor para esta receta es usar manzana seca. Aunque la manzana fresca también sirve, hay que saltearla primero para extraerle parte del agua. Empleando manzana seca se elimina este paso, y además los bollos mantienen mucho mejor la forma y tienen un sabor más concentrado a manzana.

PREPARA LA MASA: En un cuenco grande, mezcla con un tenedor el cultivo y el agua. Añade la harina y la sal. Mezcla hasta que la masa tenga un aspecto rugoso y termina con las manos para incorporar toda la harina. Cubre la masa con un paño húmedo y deja reposar de 30 a 45 min. Repón el cultivo con harina fresca y agua, y guárdalo según tus preferencias.

Mientras tanto, remoja las manzanas en un cuenco con agua tibia hasta que la masa haya reposado. Escúrrelas bien, exprimiéndolas con la mano para eliminar el exceso de líquido.

AÑADE EL RELLENO: Añade a la masa las manzanas y el romero, y amasa 1 min más o menos para incorporarlos.

PRIMERA FERMENTACIÓN: Cubre el cuenco con un paño húmedo y deja reposar entre 8 y 10 h a temperatura ambiente (21 °C) hasta que la masa doble su volumen. Como alternativa, cuando haya reposado, cúbrela con film transparente ligeramente aceitado y déjala reposar durante la noche.

DALE FORMA Y CUBRE DE QUESO: Forra una bandeja de horno con papel de horno y reserva. Coloca la masa en una superficie de trabajo ligeramente enharinada. Dale forma rectangular con cuidado, presionando para eliminar las burbujas de aire grandes. Divide la masa en 12 porciones iguales de unos 85 g cada una. Junta los extremos, da la vuelta a la masa y forma una bola con cada porción. Déjalas reposar en la encimera mientras preparas el queso.

Coloca el queso en un cuenco ancho o en un plato. Pinta una bola con agua y hazla rodar sobre el queso para cubrirla por completo. Ponla en la bandeja de horno. Repite con el resto y colócalas en filas de 4 y columnas de 3.

SEGUNDA FERMENTACIÓN: Cubre la masa y déjala reposar de 30 a 45 min, o hasta que esté bien hinchada. Si trabajas con masa fría, aumenta el tiempo a 1 h o más, según la temperatura. Precalienta el horno a 200 °C.

HORNEA: Hornea los bollos de 25 a 30 min o hasta que hayan subido del todo y estén dorados, con el queso burbujeante y ampollado. Olerán increíblemente bien. Déjalos enfriar antes de servir, aunque calientes también están deliciosos.

Guárdalos a temperatura ambiente en una bolsa de plástico hasta 1 día. Para que tengan una textura óptima, recaliéntalos antes de servir.

TENTEMPIÉS DE ARÁNDANOS ROJOS Y NUECES PECANAS

Para 12 bollos

Si buscas un desayuno rápido y fácil, esta es la receta ideal. Estos bollos son sustanciosos y no demasiado dulces, y tienen una textura maravillosa. Una vez horneados, un poco de aceite de coco líquido mantendrá tierna la corteza a la vez que añadirá toques de sabor cálido y tropical. El aroma es celestial. Servidos calientes con mantequilla blanda o queso crema batido, estos bollos también son perfectos para un *brunch* informal.

Acerca de la masa: Si quieres disfrutar de estos bollos calientes en el desayuno, dale forma a la masa directamente en el molde y refrigera durante la noche. Por la mañana solo tienes que meterlos en el horno. Para darles un plus de sabor, también puedes tostar las nueces pecanas. Agregar melaza a esta masa le dará un color caramelo intenso y un toque dulce suave.

MASA

50 g de cultivo activo y burbujeante
350 g de agua tibia
40 g (2 cdas.) de melaza no sulfurada
300 g de harina común
200 g de harina de fuerza
1 g (½ cdta.) de canela
9 g (1½ cdtas.) de sal

RELLENO

130 g de arándanos rojos secos
65 g de nueces pecanas picadas
12 g (1 cda.) de azúcar

COBERTURA

20 g de copos de avena
30 g de pipas de girasol
30 g (2 cdas.) de aceite de coco líquido

Unos días antes de hornear, alimenta el cultivo hasta que esté burbujeante y activo. Guárdalo a temperatura ambiente hasta que esté listo.

PREPARA LA MASA:
En un cuenco grande, mezcla con un tenedor el cultivo, el agua y la melaza. Añade las harinas, la canela y la sal. Mezcla hasta obtener una masa de aspecto rugoso y termina de amasar con las manos para eliminar grumos de harina. Cubre con un paño húmedo y deja reposar 30 min. Completa el cultivo con harina nueva y agua, y guárdalo como prefieras.

Mientras la masa reposa, pon en un cuenco pequeño los arándanos, las nueces y el azúcar, y cúbrelos con el agua tibia justa. Escúrrelos bien antes de introducirlos en la masa.

AÑADE EL RELLENO:
Añade la fruta y los frutos secos al cuenco. Incorpóralos con suavidad a la masa durante aproximadamente 1 min o hasta que la masa quede homogénea.

PRIMERA FERMENTACIÓN:
Cubre el cuenco con un paño húmedo y deja reposar a temperatura ambiente. A 21 °C, llevará entre 8 y 10 h.

DALE FORMA:
Forra con papel de horno un molde para hornear de 23 × 33 cm. Reserva.

Pasa la masa a una superficie ligeramente enharinada. Dale forma rectangular con cuidado y divídela en 12 porciones iguales de unos 95 g. Junta los extremos de cada una, dale la vuelta y dale forma de bola. Pásalas a la bandeja en filas de 4 y columnas de 3.

SEGUNDA FERMENTACIÓN:
Cubre la masa con un paño húmedo y, según la temperatura, déjala reposar entre 30 min y 1 h. Cuando se hinchen, los bollos comenzarán a tocarse. En este punto puedes continuar con el siguiente paso o cubrir la masa con film transparente ligeramente engrasado y dejarla enfriar durante la noche. Por la mañana, antes de hornear deja aproximadamente 1 h hasta que alcance la temperatura ambiente. Precalienta el horno a 200 °C. Pinta la masa con agua y cúbrela con la avena y las pipas de girasol, apretando con suavidad para que se peguen.

HORNEA:
Hornea la masa a media altura 40 min. Una vez hechos los bollos, rocía un poco de aceite de coco sobre la corteza mientras aún están calientes. Esto mantendrá la textura suave. Disfrútalos calientes o a temperatura ambiente.

A temperatura ambiente y en una bolsa de plástico o en un recipiente hermético, estos bollos se conservan hasta 2 días.

PITAS FÁCILES

Para 8 pitas

Las pitas de masa madre son tan ligeras y sabrosas que hacen del almuerzo en la oficina la envidia de los compañeros de trabajo. Además, hacerlas es divertido, por no mencionar que son 100 % naturales y sin conservantes. Para que se hinchen como globos aerostáticos, hay que precalentar la sartén de hierro fundido hasta que esté muy caliente. Ese es el secreto. Y hornearlas encima 4 min o menos.

Acerca de la masa: Al principio, la masa estará seca y dura, pero después de un largo reposo será mucho más fácil de trabajar. También notarás que gracias a la harina integral y al reposo prolongado, estas pitas tienen un sabor bastante ácido. Antes de extenderla, dale forma de bolitas a la masa, así será muy fácil formar los círculos de pita.

100 g de cultivo activo y burbujeante

180 g de agua tibia

7 g (1 cdta.) de miel

15 g (1 cda.) de aceite de oliva

150 g de harina común

120 g de harina integral

3 g (½ cdta.) de sal marina fina

Unos días antes de hornear, alimenta el cultivo hasta que esté burbujeante y activo. Guárdalo a temperatura ambiente hasta que esté listo.

PREPARA LA MASA: En un cuenco mediano, mezcla con un tenedor el cultivo, el agua, la miel y el aceite de oliva. Añade las harinas y la sal. Mezcla hasta combinarlos bien y termina con las manos hasta tener una masa de aspecto rugoso. Cubre con un paño húmedo y deja reposar 30-45 min. Completa el cultivo con harina nueva y agua, y guárdalo como prefieras.

Cuando la masa haya reposado, trabájala unos 20 s hasta formar una bola semilisa.

PRIMERA FERMENTACIÓN: Cubre la masa y déjala reposar a temperatura ambiente (21 °C) entre 6 y 8 h hasta que doble su volumen.

DALE FORMA: Forra una bandeja de horno con papel de horno y reserva. Pasa la masa a una superficie de trabajo ligeramente enharinada. Divídela en 8 porciones de unos 65 g cada una. Pellizca los extremos, da la vuelta a la masa y forma una bola con cada porción. Pasa las bolas a la bandeja de horno con la costura hacia abajo.

SEGUNDA FERMENTACIÓN: Cubre la masa con un paño húmedo y déjala reposar entre 30 min y 1 h hasta que esté hinchada. Mientras tanto, precalienta el horno a 230 °C. Calienta en la rejilla inferior del horno una sartén de hierro fundido o una piedra para pizza.

EXTIENDE LA MASA: Espolvorea generosamente con harina la superficie de trabajo y luego la masa por arriba. Extiende de una en una cada bola de masa en un círculo de unos 6,3 mm de grosor (véase el consejo abajo). Si usas una piedra para pizza, extiende una segunda bola para hornear dos a la vez.

HORNEA: Pon la masa en la sartén caliente y hornea unos 3 o 4 min. Las pitas se hacen e hinchan rápido, así que no les quites ojo. Cuando estén, pásalas a una rejilla; se desinflarán ligeramente al enfriarse. Termina de extender y hornear el resto de las pitas.

En una bolsa de plástico a temperatura ambiente, estas pitas se mantienen frescas 3 o 4 días.

CONSEJO: A veces las pitas no se inflan, y pasa hasta en las mejores familias. Además de usar una sartén muy caliente, asegúrate de extender bien la masa, sobre todo en los bordes.

MINIMUFFINS DE MASA MADRE

Para 10 a 12 minimuffins

¿Hay algo mejor que un *muffin* caliente untado de mantequilla fundida? Hacerlos desde cero es más fácil de lo que crees, y ni hay que encender el horno: se hacen en sartén. Estos *muffins* son excepcionales tostados, o puedes usarlos para hacer minisándwiches de desayuno. Para darles un toque auténtico, ábrelos con un tenedor para dejar al descubierto los hermosos agujeros irregulares.

Acerca de la masa: Esta masa se mantiene bien cuando se enfría, lo que hace que los *muffins* sean perfectos para los desayunos de fin de semana. Puedes preparar la masa el viernes antes de salir de casa y refrigerar todo el cuenco durante la noche. Prepáralos el sábado por la mañana y disfrútalos recién hechos. Para obtener los mejores resultados, consulta el consejo a continuación.

245 g de leche entera o semidesnatada

120 g de agua

56 g (4 cdas.) de mantequilla sin sal en dados

75 g de cultivo activo y burbujeante

24 g (2 cdas.) de azúcar

500 g de harina común

9 g de sal

Harina de maíz o sémola para recubrir

Unos días antes de hornear, alimenta el cultivo hasta que esté burbujeante y activo. Guárdalo a temperatura ambiente hasta que esté listo para usar.

CONSEJO: El truco para cocinar *muffins* es acertar con el fuego. Si es demasiado fuerte, se dorarán demasiado rápido por fuera y quedarán crudos por dentro. Si esto ocurre, termina de hornearlos en el horno a baja temperatura, unos 130 °C, hasta que estén hechos. También puedes hacer primero una tanda de prueba para calcular el calor de la placa.

PREPARA LA MASA: Calienta en una cacerola pequeña a fuego lento o en el microondas la leche, el agua y la mantequilla. Deja enfriar un poco la mezcla antes de añadirla a la masa.

Pon el cultivo y el azúcar en un cuenco grande. Vierte lentamente la mezcla de leche caliente, y mezcla a la vez. Añade la harina y la sal. Mezcla con un tenedor hasta que la masa tenga un aspecto rugoso, y luego incorpora completamente la harina a mano. Cubre con un paño húmedo y deja reposar 30 min. Mientras tanto, completa el cultivo con harina nueva y agua, y guárdalo como prefieras.

Cuando la masa haya reposado, trabájala entre 15 y 20 s hasta formar una bola semilisa.

PRIMERA FERMENTACIÓN: Cubre el cuenco con un paño húmedo y deja reposar la masa de 8 a 10 h a temperatura ambiente (21 °C) hasta que doble su volumen. Cuando haya subido del todo, cúbrela con film transparente ligeramente aceitado y déjala enfriar durante la noche.

DALE FORMA: Por la mañana, saca la masa fría a una superficie de trabajo enharinada y déjala reposar 10 min. Forra una bandeja con papel de horno y espolvoréalo generosamente con harina de maíz para que la masa no se pegue.

Con las manos enharinadas, da a la masa una forma rectangular u ovalada de unos 1,25 cm de grosor. Corta 10 o 12 círculos con el borde de un vaso o una taza de unos 8 cm de diámetro. Ponlos en la bandeja de horno y espolvorea por encima harina de maíz.

SEGUNDA FERMENTACIÓN: Cubre la masa con un paño húmedo y déjala reposar 1 h más o menos, según la temperatura, hasta que esté hinchada.

COCINA LOS *MUFFINS*: Calienta a fuego lento una sartén antiadherente grande. Pon unos cuantos círculos de masa en la sartén, que quepan holgados; no se extienden mucho al hacerse. Hazlos de 8 a 10 min por un lado, comprobando a mitad del tiempo que se doran por igual. Ajusta el fuego si hace falta. Dales la vuelta y hazlos otros 8–10 min. Cuando estén listos, deben quedar ligeros, y al apretarlos con suavidad, los bordes deben recuperar la forma.

Deja enfriar los *muffins* en una rejilla y acaba el resto de la masa en la sartén. Cuando todos se hayan enfriado y estén listos para servir, ábrelos con un tenedor por los lados.

En una bolsa de plástico a temperatura ambiente, estos *muffins* se mantienen frescos hasta 2 días.

BAGELS DE MAÑANA DE DOMINGO

Para 8 bagels

Me alegra decir que los *bagels* caseros no son difíciles de hacer y rivalizan con los de cualquier local de Nueva York. Y puedes creerme, soy de Nueva York, ¡la tierra de la pizza y los *bagels*! La masa se prepara rápido, y al ser bastante firme y poder estirarse como se quiera, es fácil darle forma. Sobre todo, recomiendo comer un *bagel* de masa madre caliente y delicioso recién salido del horno para disfrutar de su fina y crujiente corteza.

Acerca de la masa: Con los *bagels* se trata de técnica, y es un proceso en dos pasos. Primero se hierve la masa para fijar la corteza, esto evita que la masa suba demasiado. No se puede omitir este paso, pero es fácil, como hervir raviolis. Luego hornea los *bagels* hasta que la corteza se dore. Para organizarte, puedes repartir el proceso en dos días. Prepara la masa el sábado por la tarde y déjala reposar durante la noche. El domingo por la mañana, dales forma, cuece y hornéalos.

150 g de cultivo activo y burbujeante

250 g de agua tibia

24 g (2 cdas.) de azúcar

500 g de harina de fuerza

9 g (1½ cdtas.) de sal marina fina

20 g (1 cda.) de miel

Espray de cocina o aceite para recubrir

Mezcla de semillas, como amapola, sésamo, hinojo, linaza y girasol

Unos días antes de hornear, alimenta el cultivo hasta que esté burbujeante y activo. Guárdalo a temperatura ambiente hasta que esté listo.

PREPARA LA MASA: En un cuenco mediano, mezcla con un tenedor el cultivo, el agua y el azúcar. Añade la harina y la sal. Mezcla hasta formar una masa de aspecto rugoso y amasa a mano para incorporar bien la harina. Como esta masa es firme, puedes usar una amasadora a velocidad baja 5 o 6 min para mezclar bien. Cubre la masa con un paño húmedo y déjala reposar de 45 min a 1 h. Mientras tanto, completa el cultivo con harina nueva y agua, y guárdalo como prefieras.

Cuando la masa haya reposado, trabájala de 15 a 20 s hasta formar una bola semilisa.

PRIMERA FERMENTACIÓN: Cubre el cuenco con un paño húmedo y deja la masa de 8 a 10 h a temperatura ambiente (21 °C) para que suba hasta que doble su volumen.

DALE FORMA: Cubre una bandeja de horno con una lámina de silicona antiadherente o papel de horno. Si usas papel de horno, rocíalo ligeramente con un espray de cocina o aceite para que no se pegue.

En una superficie de trabajo sin enharinar, aplana la masa hasta formar un rectángulo y divídela en 8 trozos iguales de unos 115 g cada uno. Junta los extremos, da la vuelta a la masa y forma una bola con cada trozo. Deja reposar en la bandeja de 10 a 15 min para que el gluten se relaje.

Trabaja con las bolas de masa de una en una: haz un agujero en el centro, levanta la masa, introduce ambos índices por el agujero y ábrelo hasta el tamaño de una nuez haciendo girar con suavidad la masa. Cuando termines, devuelve la masa a la bandeja de horno. No pasa nada si el agujero encoge ligeramente. Repite el proceso con el resto de la masa.

SEGUNDA FERMENTACIÓN: Cubre la masa con un paño húmedo y déjala reposar 15–20 min. En esta fase la masa solo se hinchará ligeramente. Mientras tanto, hierve agua en una olla mediana. Añade la miel y mezcla bien para que se disuelva. Precalienta el horno a 220 °C. Echa las semillas en una bandeja con borde o en un cuenco poco profundo.

HIERVE LOS *BAGELS*: Añade 2 o 3 *bagels* a la olla. Si no flotan de inmediato, espera unos 10 s a que lo hagan. Cuécelos a fuego lento 30 s por cada lado para formar una corteza fina. Con una espumadera, devuelve los *bagels* a la bandeja con la parte redondeada hacia arriba. Cuando se hayan enfriado un poco, pero aún estén húmedos, coloca la parte redondeada sobre las semillas para recubrirla. Devuélvelos a la bandeja y termina de hervir el resto.

(Continúa...)

BAGELS DE MAÑANA DE DOMINGO

HORNEA: Hornea los *bagels* 20-25 min. Dales la vuelta para que se hagan entre 1 y 2 min o menos por abajo. Cuando estén listos, estarán hinchados y dorados, y los notarás ligeros. Pásalos a una rejilla para que se enfríen, pero date el capricho de comerte uno (o dos) calientes.

La textura de los *bagels* es ideal cuando están recién hechos. Guárdalos en una bolsa de plástico a temperatura ambiente 2 días como máximo. También se congelan bien, como mucho hasta 3 meses, enteros o en rodajas, cubiertos con film transparente y una capa de papel de aluminio.

CONSEJO: A veces los *bagels* tendrán una superficie lisa y otras veces pueden tener bultos o pequeñas ampollas. Depende de cómo haya fermentado la masa, de la temperatura y de cómo se hayan manipulado en general. No te preocupes demasiado por ello, pues el aspecto no influye en el sabor.

VARIANTE: Para hacer *bagels* de canela y pasas añade a los ingredientes secos 6 g (2 cdtas.) de canela, o 3 g (1 cdta.) de especias para tarta de calabaza más 3 g (1 cdta.) de canela. Mientras reposa la masa, remoja 80 g de pasas en agua tibia. Escúrrelas bien antes de incorporarlas a la masa.

BIALYS DE MASA MADRE CON CEBOLLA CARAMELIZADA Y QUESO DE CABRA

Para 12 bialys pequeños

En cualquier delicatesen de Nueva York, al lado de los *bagels* encontrarás los *bialys*. Se parecen, pero son de textura más ligera, miga más tierna y se hornean sin hervirlos antes. También tienen una pequeña hendidura en el centro que se puede rellenar con ingredientes muy diversos, incluida la cebolla, que es el más tradicional. Otra opción es omitir el queso de cabra y servirlos tostados con queso crema y el relleno que prefieras.

Acerca de la masa: Resulta cómodo dejar subir esta masa durante la noche y darle forma y hornearla por la mañana. Para aprovechar al máximo tu tiempo, puedes preparar la mezcla de cebolla hasta 2 días antes.

MASA

50 g de cultivo activo y burbujeante

375 g de agua fría

500 g de harina común

9 g (1½ cdtas.) de sal marina fina

RELLENO

15 g (1 cda.) de aceite de oliva

14 g (1 cda.) de mantequilla sin sal

1 cebolla morada o amarilla grande picada

Las hojas de 3 ramitas de tomillo, y algo más para servir

Sal y pimienta negra recién molida

114 g de queso de cabra desmenuzado

Mezcla de semillas, como amapola, sésamo, hinojo, linaza y girasol

Unos días antes de hornear, alimenta el cultivo hasta que esté burbujeante y activo. Guárdalo a temperatura ambiente hasta que esté listo.

PREPARA LA MASA: En un cuenco grande, mezcla el cultivo y el agua. Añade la harina y la sal, mezcla bien y acaba con las manos hasta que la masa tenga un aspecto rugoso. Cubre el cuenco con un paño húmedo y deja reposar entre 30 min y 1 h, según tu horario. Completa el cultivo con harina nueva y agua, y guárdalo como prefieras.

Cuando la masa haya reposado, trabájala unos 15 s hasta formar una bola semilisa.

PRIMERA FERMENTACIÓN: Cubre el cuenco con un paño húmedo y deja reposar la masa entre 12 y 18 h, toda la noche, a temperatura ambiente (21 °C). Cuando esté lista, habrá doblado o triplicado su volumen y tendrá algunas burbujas en la superficie.

DIVIDE: Por la mañana, cubre una bandeja con papel de horno. Espolvorea abundante harina para que no se pegue. Reserva. En una superficie de trabajo ligeramente enharinada, divide la masa en 12 trozos de unos 75 g cada uno. Junta los extremos, da la vuelta a la masa y enrolla cada trozo formando una bola. Pasa las bolas a la bandeja en filas de 4 y columnas de 3.

SEGUNDA FERMENTACIÓN: Cubre la masa con un paño húmedo y déjala reposar entre 1 y 1 h 30 min, o hasta verla hinchada.

PREPARA EL RELLENO: Mientras tanto, en una sartén grande, calienta a fuego lento el aceite de oliva y la mantequilla. Añade la cebolla picada, el tomillo y un poco de sal y pimienta. Saltea de 7 a 10 min hasta que esté blanda y translúcida, pero sin caramelizar. Retira la sartén del fuego y deja enfriar antes de cubrir la masa. Precalienta el horno a 230 °C.

DA FORMA Y MONTA: Espolvorea ligeramente la masa con harina. Trabaja los trozos de masa de uno en uno: con tres dedos haz un hueco en el centro; luego, con la punta de los dedos, empuja y estira con suavidad el hueco central hasta que mida entre 5 y 8 cm. Si la masa se resiste, déjala reposar durante 10 min y vuelve a intentarlo. Repite esta técnica hasta haber terminado toda la masa.

Pinta ligeramente con agua el exterior de la masa. Con una cuchara, rellena el centro con parte de la cebolla enfriada, cubre con queso de cabra y espolvorea la masa con semillas.

HORNEA: Hornea los *bialys* a media altura de 10 a 12 min. Se inflarán y tendrán un color dorado claro, y la cebolla se caramelizará. Antes de servir, deja enfriar en una rejilla.

Los *bialys* están mejor recién hechos. A temperatura ambiente en una bolsa de plástico, pueden conservarse hasta 1 día.

NUDOS DE MASA MADRE CON AJO ASADO Y PECORINO

Para 10 bollitos

Nunca fui muy aficionada a los nudos de ajo. La cantidad de ajo crudo me aniquilaba las papilas, y además, quien se cruzara en mi camino se llevaba una ráfaga de aliento de dragón. Pero está el ajo asado: en esta masa madre con tomillo fresco, los dientes de ajo suaves y caramelizados se integran a la perfección y aportan un toque ligero y sabroso.

Acerca de la masa: Una mezcla de harina común y de fuerza aligera la masa, pero le aporta estructura suficiente para crear esa textura masticable esencial. Una vez que haya subido del todo, se deja enfriar durante la noche para ganar sabor y facilitar darle forma. El ajo se puede asar por adelantado y congelar hasta que se vaya a usar.

AJO ASADO

1 cabeza de ajos

15 g (1 cda.) de aceite de oliva, y algo más para recubrir

MASA

50 g de cultivo activo y burbujeante

240 g de agua tibia

120 g de harina común

180 g de harina de fuerza

5 g (1 cdta.) de sal marina fina

Las hojas de 6 ramitas de tomillo

COBERTURA DE HIERBAS Y QUESO

28 g (2 cdas.) de mantequilla sin sal

7 g (2 cdas.) de perejil picado

Queso pecorino al gusto

Unos días antes de hornear, alimenta el cultivo hasta que esté burbujeante y activo. Guárdalo a temperatura ambiente hasta que esté listo.

ASA EL AJO: Por la mañana, precalienta el horno a 200 °C. Apoya la cabeza de ajos sobre un lado y corta el tercio superior para dejar los dientes a la vista. Envuélvela en papel de aluminio y rocía con aceite de oliva para cubrirlos. Ásala entre 45 min y 1 h en una bandeja. Los ajos deben quedar blandos y caramelizados.

PREPARA LA MASA: En un cuenco mediano, mezcla con un tenedor el cultivo y el agua. Añade las harinas, la sal y las hojas de tomillo. Mezcla hasta formar una masa desgreñada, incorporando todos los grumos de harina pegados a los lados. Cúbrela con un paño húmedo y déjala reposar hasta que el ajo esté asado. Completa el cultivo con harina nueva y agua, y guárdalo como prefieras.

AÑADE EL AJO: Cuando la cabeza de ajos se haya enfriado lo suficiente para manipularla, exprime los dientes en el cuenco. Amasa con suavidad unos 20 s para incorporarlos apretándolos en la masa.

PRIMERA FERMENTACIÓN: Cubre el cuenco con un paño húmedo y deja reposar la masa entre 8 y 10 h a temperatura ambiente (21 °C) hasta que doble su volumen. Cuando haya subido del todo, cúbrela con film transparente ligeramente aceitado y déjala reposar durante la noche.

DALE FORMA: Cuando esté lista para hornear, cubre con papel de horno una bandeja. Deja reposar la masa fría 10 min en una superficie bien enharinada. Divide la masa en 10 tiras de unos 60 g cada una. Toma los extremos de cada tira y estíralos un poco para hacer un nudo. Es como atarse los cordones del zapato, pero sin lazo. Pon el nudo en la bandeja y da forma al resto de la masa. Al terminar, pinta los nudos con un poco de aceite de oliva.

SEGUNDA FERMENTACIÓN: Cubre la masa y déjala reposar 1 h o más, según la temperatura, hasta verla hinchada. Precalienta el horno a 200 °C.

HORNEA: Hornea los nudos a media altura de 20 a 25 min, o hasta que estén un poco dorados. Mientras, funde la mantequilla en una cacerola pequeña o en un microondas. Pica el perejil y prepara el queso.

Cuando los nudos estén hechos, pásalos a un cuenco grande, rocíalos con mantequilla fundida y espolvorea el perejil y el queso. Muévelos bien para que se impregnen. Pasa los nudos calientes a una fuente.

Lo mejor es comer los nudos de ajo el mismo día que se hagan.

GRISINES DE MASA MADRE CRUJIENTES

Para unos 24 grisines

Estos crujientes palitos de pan italianos se estiran a mano, no con rodillo, lo cual hace de cada uno algo rústico y único. Están deliciosos solos, o acompañados, como aquí, de lonchas finas de jamón, queso azul cremoso, peras y dátiles para crear un aperitivo tentador. Para tu próxima cena con invitados, imagina unas cuantas bandejas o tarros de grisines caseros como adorno y centro de mesa comestible.

Acerca de la masa: Para este método, la masa se deja enfriar toda la noche cuando haya subido del todo. La masa firme y fría es más fácil de estirar y retorcer.

MASA

75 g de cultivo activo y burbujeante

150 g de agua tibia

12 g (1 cda.) de azúcar

240 g de harina común

5 g (1 cdta.) de sal marina fina

Aceite para la superficie de trabajo

Harina de maíz o sémola para recubrir

OPCIONES PARA ACOMPAÑAR

Lonchas de jamón

Cuñas de queso azul

Dátiles blandos

Pera en rodajas

Miel

Unos días antes de hornear, alimenta el cultivo hasta que esté burbujeante y activo. Guárdalo a temperatura ambiente hasta que esté listo.

PREPARA LA MASA: Por la mañana, mezcla en un cuenco mediano el cultivo, el agua y el azúcar. Añade la harina y la sal. Mezcla hasta obtener una masa de aspecto rugoso sin grumos de harina. Cubre con un paño húmedo y deja reposar 30 min. Completa el cultivo con harina nueva y agua, y guárdalo como prefieras.

PRIMERA FERMENTACIÓN: Cubre el cuenco con un paño húmedo, y deja reposar la masa entre 8 y 10 h a temperatura ambiente (21 °C) hasta que doble su volumen. Cuando haya subido, cúbrela sin apretar con film transparente aceitado, y deja reposar durante la noche.

DIVIDE Y DALE FORMA: Precalienta el horno a 220 °C. Forra dos bandejas con láminas de silicona antiadherentes o papel de horno. Espolvorea harina de maíz para que los grisines no se peguen.

En una superficie de trabajo ligeramente engrasada, divide la masa en dos porciones iguales y déjalas reposar 10 min. Toma una porción, extiéndela dándole una forma ovalada alargada, de unos 30 × 13 cm, con un rodillo enharinado. Es importante que sea estrecha, pues la masa se alargará al estirar los grisines con la mano. Antes de darles forma, deja reposar 10 min.

Con una rueda de pizza o un cortador de masa ligeramente aceitado, corta la masa en tiras de 1,3 cm. Deberías acabar con unas 12 en total. Para darles forma, toma los extremos, levántalas y retuércelas con suavidad para que quepan en la bandeja a lo ancho. Si notas que se resisten, deja reposar la masa entre 5 y 10 min y vuelve a intentarlo. Notarás que el peso de la masa hará por ti la mayor parte del trabajo de estirarla.

SEGUNDA FERMENTACIÓN: Cubre la masa con un paño húmedo y déjala reposar 10 min. Mientras tanto, extiende, corta y da forma al resto de la masa.

HORNEA: Hornea una bandeja de masa de 12 a 15 min, o hasta que esté ligeramente dorada. Luego hornea la otra bandeja. Para que esté más crujiente, deja enfriar del todo antes de servir.

A temperatura ambiente en un recipiente hermético, los grisines se conservan 2 o 3 días.

VARIANTE: Cuando la masa haya reposado, pica finamente 40 g de aceitunas kalamata e incorpóralas a la masa. Si queda demasiado pegajosa, añade un poco de harina para rectificar la textura. Continúa con el resto de la receta como se indica arriba.

COLINES BLANDOS DE SÉMOLA CON MIGAS MANTECOSAS

Para 14 colines

Estos palitos de pan blando de textura deliciosamente gomosa son un componente excelente en tu arsenal de masa madre. Una vez horneados, se aprietan sobre una mezcla de pan rallado sazonado y queso parmesano que forman una tentadora cobertura crujiente. Mójalos en salsa de tomate caliente o aceite de ajo, hierbas y ralladura de limón (p. 183). A mis niños les encantan.

Acerca de la masa: Si has hecho los grisines de masa madre crujientes de la página 125, el método para dar forma a mano a estos palitos de pan es muy similar. Sin embargo, al preparar palitos de pan blando no hay que estirar demasiado la masa, pues quedarían finos y crujientes.

PALITOS DE PAN

50 g de cultivo activo y burbujeante

350 g de agua tibia

12 g (1 cda.) de azúcar

80 g de sémola, y algo más para espolvorear

420 g de harina de fuerza

9 g (1½ cdtas.) de sal marina fina

Aceite de oliva para pintar

COBERTURA

30 g de pan rallado sazonado

40 g de queso parmesano rallado

42 g (3 cdas.) de mantequilla sin sal

Unos días antes de hornear, alimenta el cultivo hasta que esté burbujeante y activo. Guárdalo a temperatura ambiente hasta que esté listo.

PREPARA LA MASA: En un cuenco grande, mezcla con un tenedor el cultivo, el agua y el azúcar. Añade las harinas y la sal. Combina hasta obtener una masa rugosa y luego acaba a mano para incorporar bien la harina. Cubre con un paño húmedo y deja reposar 30 min. Completa el cultivo con harina nueva y agua, y guárdalo como prefieras. Cuando la masa haya reposado, trabájala unos 15 s hasta formar una bola semilisa.

PRIMERA FERMENTACIÓN: Cubre la masa con un paño húmedo y déjala reposar entre 8 y 10 h a temperatura ambiente (21 °C) hasta que doble su tamaño.

DALE FORMA: Cubre 2 bandejas con papel de horno y espolvorea con sémola.

Unta ligeramente la superficie de trabajo con aceite y deja reposar en ella la masa 10 min. Luego extiende con suavidad la masa hasta formar un rectángulo largo, de unos 36 × 13 cm. Córtalo en 14 tiras de 2,5 cm de grosor. Reparte la masa a partes iguales entre las dos bandejas. Al trasladar la masa, los palitos de pan se alargarán naturalmente.

SEGUNDA FERMENTACIÓN: Cubre la masa y déjala reposar unos 30 min hasta verla hinchada.

COBERTURA: Mientras, tuesta de 3 a 5 min el pan rallado en una sartén antiadherente pequeña, removiendo a menudo hasta que se dore. Cuando esté listo, déjalo enfriar en un plato. Añade el queso parmesano y mézclalo. Limpia la sartén y funde la mantequilla a fuego lento. Reserva.

Precalienta el horno a 220 °C. Unta ligeramente la masa con parte de la mantequilla fundida y reserva la restante en la sartén para que la cobertura de pan rallado se adhiera a los palitos de pan.

HORNEA: Coloca ambas bandejas en el horno y hornea unos 13–15 min. A mitad de horneado, cambia las bandejas de sitio para obtener un dorado uniforme. Si prefieres puedes hornearlas de una en una. Cuando estén listos, los palitos tendrán un color dorado pálido y los notarás ligeros.

Para servir, pinta los palitos con la mantequilla fundida. Apriétalos sobre el pan rallado para recubrirlos. Disfrútalos calientes o a temperatura ambiente, y que no falten servilletas.

Los colines están mejor recién hechos. Sin la cobertura de pan rallado y cuando se hayan enfriado por completo, se pueden congelar hasta 3 meses, separados por hojas de papel de horno y envueltos en film transparente y papel de aluminio.

CHAPATA

Para 2 o 3 chapatas

La *ciabatta* («zapatilla» en italiano), es un estupendo pan rústico conocido por su miga ligera y aireada, perfecto para mojar y hacer los mejores *panini*. El secreto está en la receta y en el método, así que para obtener un resultado óptimo, sigue las técnicas indicadas a continuación. Merece la pena, pues esta chapata de masa madre no se parecerá a ninguna otra que hayas probado antes.

Acerca de la masa: La masa de la chapata es muy húmeda y pegajosa, probablemente la más húmeda de este libro. La amasadora simplifica su preparación y aporta una ligereza maravillosa al pan terminado. Estirar y plegar la masa es importante para darle fuerza y ayuda a abrir la miga. Aviso: después de darle forma, la masa se ve sin vida, pero no te preocupes, se recuperará al hornearla.

100 g de cultivo activo y burbujeante

400 g de agua tibia

240 g de agua para el horno

250 g de harina de fuerza

250 g de harina común

9 g (1½ cdtas.) de sal marina fina

Aceite para la superficie de trabajo

Unos días antes de hornear, alimenta el cultivo hasta que esté burbujeante y activo. Guárdalo a temperatura ambiente hasta que esté listo.

PREPARA LA MASA: Pon el cultivo, el agua, las harinas y la sal en el cuenco de una amasadora con el accesorio de paleta. Mezcla a velocidad baja para combinar. La masa tendrá un aspecto irregular y pegajoso; raspa los lados del bol según convenga. Al terminar, cúbrela con un paño húmedo y déjala reposar 1 h. Mientras, completa el cultivo con harina nueva y agua, y guárdalo como prefieras.

Cuando la masa haya reposado, instala el gancho de amasar y amasa a velocidad media de 10 a 13 min. Seguirás viéndola húmeda y pegajosa, pero después de amasar se volverá lisa y reluciente. Pásala a un nuevo cuenco ligeramente aceitado. Cubre con un paño húmedo y deja reposar durante 30 min.

PRIMERA FERMENTACIÓN CON ESTIRADO Y PLEGADO: Con las manos ligeramente húmedas, toma una porción de masa, estírala hacia arriba y dóblala hacia el centro del cuenco. Da un cuarto de vuelta al cuenco y repite hasta completar un círculo y terminar la primera tanda. Repite esta técnica en 3 o 4 series con un intervalo de 15 a 30 min (p. 194).

Cuando hayas terminado de estirar y plegar la masa, cúbrela y déjala reposar a temperatura ambiente hasta que doble o triplique su volumen. Tardará entre 7 y 10 h a 21 °C.

DIVIDE Y DALE FORMA: Cubre una bandeja con papel de horno y espolvorea con abundante harina. Reserva.

Pasa con cuidado la masa a una superficie de trabajo bien enharinada. La de chapata se pega a todo lo que toque, así que si, es necesario, añade harina. Con las manos enharinadas, dóblala por la mitad con cuidado para formar un rectángulo, procurando no deshinchar las burbujas de aire. Deja reposar 10 min. Divídela en dos o tres partes con un cortador de masa mojado para evitar que se pegue, y colócalas en la bandeja de horno. Haz unos pocos hoyuelos en la masa con la punta de los dedos.

SEGUNDA FERMENTACIÓN: Cubre la masa y déjala reposar 1 h. No crecerá mucho en esta fase, pero no te preocupes, es normal. Precalienta el horno a 260 °C. Calienta en la rejilla inferior del horno una bandeja de 23 × 33 cm.

HORNEA: Con las manos enharinadas, introduce los dedos bajo la masa y dale la vuelta dejando hacia abajo el lado con hoyuelos. Esto ayuda a redistribuir las burbujas de aire durante el horneado. Vierte en la bandeja caliente 240 g (1 taza) de agua para generar vapor. Coloca las chapatas a media altura y baja la temperatura a 220 °C. Hornea 25-30 min, o hasta verlas doradas. Pásalas a una rejilla y déjalas enfriar 1 h antes de cortar.

La chapata está mejor el mismo día que se hace. Cuando se haya enfriado del todo, guárdala en una bolsa de plástico a temperatura ambiente hasta 1 día.

BAGUETES TRENZADAS

Para 3 baguetes pequeñas

En la escuela de cocina, conocer las baguetes caseras me fascinó. ¡Nada es comparable a la corteza fina y crujiente de una buena baguete! Sin embargo, pueden ser difíciles de hacer, y requieren algo de práctica. Para que sean más fáciles, en esta receta he omitido el método tradicional de darles forma, dejarlas reposar y greñar la masa. En mi humilde opinión, están igual de deliciosas.

Acerca de la masa: Se añade harina integral blanca para potenciar el sabor y obtener un suave toque dulce. Después de dar forma a la masa, no tiene que fermentar mucho tiempo por segunda vez, bastan 10 o 15 min. El tomillo fresco incrustado en la masa le da un sutil sabor terroso.

50 g de cultivo activo y burbujeante
360 g de agua fría
400 g de harina común
40 g de harina integral blanca
9 g (1½ cdtas.) de sal marina fina
Las hojas de 6 ramitas de tomillo

Unos días antes de hornear, alimenta el cultivo hasta que esté burbujeante y activo. Guárdalo a temperatura ambiente hasta que esté listo.

PREPARA LA MASA: Por la noche, mezcla con un tenedor en un cuenco grande el cultivo y el agua. Añade las harinas y la sal. Mezcla hasta combinar todo bien y termina con las manos hasta que quede una masa de aspecto rugoso. Cubre con un paño húmedo y deja reposar 30 min. Completa el cultivo con harina nueva y agua, y guárdalo como prefieras.

Cuando la masa haya reposado, trabájala con suavidad 1 min aproximadamente hasta formar una bola semilisa.

PRIMERA FERMENTACIÓN: Cubre el cuenco con un paño húmedo y deja subir la masa toda la noche. Tardará de 12 a 18 h a temperatura ambiente (21 °C). Cuando esté lista, habrá doblado o triplicado su volumen.

DIVIDE: Por la mañana, pasa la masa a una superficie de trabajo bien enharinada. Con las manos enharinadas, dóblala por la mitad como un libro. Cúbrela y déjala reposar de 10 a 15 min o más, hasta que esté lo bastante relajada para darle forma. Mientras, forra una bandeja con papel de horno y espolvorea con harina. Precalienta el horno a 230 °C.

Espolvorea la masa con harina. Córtala en horizontal en tres porciones iguales con un cortador de masa mojado para evitar que se pegue. Por tandas, haz rodar con suavidad la masa una o dos veces para cubrirla de harina.

DALE FORMA: Para dar forma a las baguetes, levanta la masa y estírala para que quepa a lo largo en la bandeja de horno. Luego retuércela empezando por un extremo hasta acabar en el otro. No tiene que salir una forma de sacacorchos perfecta: aquí de lo que se trata es de estilo rústico. Espolvorea la masa con unas hojas de tomillo apretando un poco para que se peguen. Repite con las demás porciones de masa.

SEGUNDA FERMENTACIÓN: Cubre la masa con un paño húmedo y déjala reposar 10-15 min. En esta fase no se hinchará mucho.

HORNEA: Coloca la bandeja en el horno y baja la temperatura a 220 °C. Hornea las baguetes de 30 a 35 min, hasta verlas doradas. Antes de cortar, pásalas a una rejilla y déjalas enfriar 30 min.

Lo mejor es consumir las baguetes recién hechas, ya que se endurecen rápido. Sírvelas calientes o compártelas con los vecinos.

PAN HECHO ARTE

Cuando ya le hayas cogido el truco a hacer pan, es divertido crear formas y diseños diferentes. Para agilizar el proceso, trabajarás con solo unas pocas masas para dar protagonismo a tu lado artístico. Luego podrás regodearte con muchas creaciones de masa madre, como mi cremosa trenza de espinacas y alcachofas (p. 144) o el nudo de chocolate y caramelo salado (p. 143). Y recuerda, siempre puedes practicar tus técnicas de modelado con un poco de plastilina antes de lanzarte con la masa de verdad. Yo lo hago a menudo.

PAN DE ESPIGA CON CAMEMBERT

Para 1 pan de espiga

¿Hay mejor bienvenida que con un hermoso ramo comestible? Por su forma caprichosa que recuerda una espiga de trigo, los franceses llaman *pain d'epi* a este pan. En el centro va una rueda de camembert con ajo y romero, que al hornearlo queda cremoso y delicioso. Esta rosa de pan de masa madre es perfecta para compartirla con los amigos.

Acerca de la masa: Para disfrutar de verdad de la combinación del queso caliente y fundido con el pan crujiente para mojar, lo mejor es hornear este pan justo antes de servirlo. Puedes preparar la masa por la mañana y enfriarla durante la noche cuando haya subido. Necesitarás unas buenas tijeras de cocina afiladas para cortar la masa.

MASA DE PAN DE ESPIGA

75 g de cultivo activo y burbujeante

285 g de agua tibia

480 g de harina de fuerza y más para espolvorear

9 g (1½ cdtas.) de sal marina fina

RELLENO

1 rueda pequeña de queso camembert

1 diente de ajo, en láminas muy finas

Las hojas de 1 ramita de romero fresco

Aceite de oliva para recubrir

Unos días antes de hornear, alimenta el cultivo hasta que esté burbujeante y activo. Guárdalo a temperatura ambiente hasta que esté listo.

PREPARA LA MASA: En un cuenco grande, mezcla el cultivo y el agua. Añade la harina y la sal. Mezcla hasta tener una masa de aspecto rugoso y acaba con las manos para incorporarlo todo. Cubre con un paño húmedo y deja reposar 30 min. Completa el cultivo con harina nueva y agua, y guárdalo como prefieras. Cuando la masa haya reposado, amasa suavemente unos 15 s hasta formar una bola semilisa.

PRIMERA FERMENTACIÓN: Cubre la masa con un paño húmedo y deja que suba durante 8–10 h a temperatura ambiente (21 °C) hasta que doble su volumen. Cuando haya subido del todo, cúbrela con film transparente ligeramente aceitado y si lo deseas, déjala enfriar durante la noche.

DALE FORMA: Pasa la masa a una superficie de trabajo ligeramente enharinada. Dale forma redonda y déjala reposar 10 min. Mientras, cubre una bandeja con papel de horno.

Espolvorea generosamente la masa con harina y repártela frotando con suavidad. Abre un agujero en el centro hasta el fondo. Con ambas manos, abre el agujero hasta que mida entre 13 y 15 cm, o tenga el tamaño aproximado de una rueda de queso camembert. Luego coloca la masa en la bandeja de horno.

Saca el queso en su papel encerado de la caja y resérvalo. Coloca la caja vacía en el centro de la masa y estira los lados para que encaje exactamente.

SEGUNDA FERMENTACIÓN: Cubre la masa y déjala reposar entre 15 y 30 min hasta verla algo hinchada. Si la has refrigerado, déjala más tiempo. Precalienta el horno a 230 °C.

PREPARA EL QUESO: Mientras la masa reposa, pon el queso de canto y corta la corteza blanca para dejar al descubierto el interior cremoso. Cúbrelo con las láminas de ajo. Remete un poco de romero en el queso y cúbrelo con aceite de oliva. Enfríalo hasta que la masa haya reposado del todo.

CORTA LA MASA: Con unas tijeras de cocina enharinadas, haz el primer corte en forma de V en la masa. Mantenlas en un ángulo de 45° (no hagas un corte vertical) y haz un corte de unos 4 cm de profundidad. Sigue cortando la masa abriéndola en abanico al ir rodeando la rosca. Cuando hayas terminado, coloca el queso enfriado en la caja.

HORNEA: Hornea la masa a media altura 25–30 min. Adquirirá un bonito color dorado con motitas de harina alrededor de los bordes. El queso quedará cremoso, fundido y burbujeante. Antes de servir, deja enfriar en la bandeja 30–45 min.

Este pan está mejor caliente el mismo día que se hace.

FOUGASSE CASI SIN AMASAR

Para 1 fougasse grande

La *fougasse* es un pan tradicional que se ve apilado en las panaderías del sur de Francia, cubierto con todo tipo de hierbas secas, especias y hasta queso. Ahora puedes hornearlo en tu propia cocina con muy poco esfuerzo y sin planificar. Divertido y fácil de hacer, te dará la oportunidad de demostrar tu creatividad dando forma al pan. Prueba a presentar este pan de masa madre en tu próxima reunión social para tener algo delicioso con lo que deleitar a tus invitados.

Acerca de la masa: Lo mejor es comer la *fougasse* caliente, recién horneada. Para organizarte, puedes dejar subir la masa durante la noche, darle forma al día siguiente y luego enfriarla hasta que esté lista para greñar y hornear, como hago cuando quiero servirla a mis invitados. También necesitas un cuchillo pequeño y afilado o una hoja de afeitar para el diseño en forma de hoja.

MASA

50 g de cultivo activo y burbujeante

270 g de agua tibia

330 g de harina de fuerza

15 g (2 cdas.) de harina integral

5 g (1 cdta.) de sal marina fina

Harina de maíz o sémola, para cubrir la bandeja

COBERTURA

Aceite de oliva, para pintar

2 g (2 cdtas.) de hierbas provenzales

Queso parmesano al gusto

Unos días antes de hornear, alimenta el cultivo hasta que esté burbujeante y activo. Guárdalo a temperatura ambiente hasta que esté listo.

PREPARA LA MASA: En un cuenco mediano, mezcla con un tenedor el cultivo y el agua. Añade las harinas y la sal. Mezcla hasta combinarlos y acaba con las manos hasta tener una masa de aspecto rugoso. Cubre el cuenco con un paño húmedo y deja reposar 30 min. Completa el cultivo con harina nueva y agua, y guárdalo como prefieras.

Cuando la masa haya reposado, trabájala con suavidad unos 15 s hasta formar una bola bastante lisa.

PRIMERA FERMENTACIÓN: Cubre el cuenco con un paño húmedo y deja subir la masa a temperatura ambiente hasta que doble su volumen. Tardará entre 8 y 10 h a 21 °C.

DALE FORMA: Cubre una bandeja con papel de horno o una lámina de silicona antiadherente. Espolvorea generosamente con harina de maíz para que no se pegue. Pon la masa en la bandeja y deja reposar 10 min. Aplana con suavidad la masa hasta formar un rectángulo o un óvalo de 25 cm y unos 1,25 cm de grosor. No te preocupes por darle una forma precisa: debe tener un aspecto rústico, no perfecto.

SEGUNDA FERMENTACIÓN: Cubre la masa y déjala reposar 1 h más o menos a temperatura ambiente hasta que esté hinchada. *Nota:* Si vas a hornearla el mismo día, cúbrela con film transparente ligeramente aceitado y deja la bandeja en el frigorífico. Antes de greñar y hornear, espera 1 h aproximadamente para que vuelva a la temperatura ambiente. Precalienta el horno a 230 °C.

GREÑA LA MASA: Para el diseño en forma de hoja, haz un corte largo por el centro de la masa sin llegar a los extremos. Luego haz tres cortes menores a cada lado. Con los dedos ligeramente aceitados, estira con suavidad y abre cada corte unos 4 cm.

Pinta la superficie de la masa con aceite de oliva. Espolvorea las hierbas provenzales.

HORNEA: Hornea la *fougasse* a media altura 25–30 min, o hasta que se dore un poco. Sácala del horno y déjala enfriar 10 min. Luego pinta con aceite de oliva. Espolvoréala generosamente con parmesano al gusto apretando con suavidad con la mano. Sírvela caliente, al estilo familiar, para que todos puedan arrancar trozos.

La *fougasse* está mejor el día que se hace. Por la proporción entre la fina corteza y la miga, se endurece rápido.

TRENZA DE FRAMBUESA CON GALLETA

Para 1 trenza

Esta trenza de masa madre que hace la boca agua te va a tentar por la tarde con una taza de café o té caliente. Las frambuesas y el chocolate se combinan en la masa con un ingrediente secreto sorpresa: galletas de jengibre. Machacadas y espolvoreadas sobre el relleno, no solo añaden sabor y crujiente: también hacen de aglutinante para facilitar el trabajo de dar forma a la masa. Además, las frambuesas y el jengibre casan de maravilla. Te encantará la combinación.

Acerca de la masa: Esta masa dulce es tan versátil que sirve para crear formas y diseños muy diversos. Flexible y lisa, al extenderla no se pega con facilidad, sobre todo si engrasas un poco la superficie de trabajo. Sigue las fotos paso a paso para hacerte una idea más clara de la técnica para darle forma.

MASA DULCE

160 g de leche entera o semidesnatada

42 g (3 cdas.) de mantequilla sin sal

1 huevo grande

100 g de cultivo activo y burbujeante

24 g (2 cdas.) de azúcar

300 g de harina común

3 g (½ cdta.) de sal marina fina

Aceite para la superficie de trabajo

RELLENO

40 g (2 cdas.) de mermelada de frambuesa

20 g de galletas de jengibre machacadas

1 g (½ cdta.) de canela

Un puñadito de pepitas de chocolate picadas o de minipepitas

Azúcar glas para espolvorear

Un puñado de frambuesas

Unos días antes de hornear, alimenta el cultivo hasta que esté burbujeante y activo. Guárdalo a temperatura ambiente hasta que esté listo.

PREPARA LA MASA: Calienta la leche y 28 g (2 cdas.) de mantequilla en una cacerola pequeña o en el microondas. Deja enfriar un poco la mezcla.

En el cuenco de una amasadora combina con la paleta mezcladora el huevo, el cultivo y el azúcar. Con la amasadora en marcha, vierte lentamente la mezcla de leche caliente. Añade la harina y la sal, y sigue mezclando 1 min aproximadamente hasta tener una masa de aspecto rugoso. Raspa los lados del cuenco si hace falta. Cúbrela con un paño húmedo y déjala reposar 30 min.

Mientras, completa el cultivo con harina nueva y agua, y guárdalo como prefieras.

Cuando la masa haya reposado, pon el gancho de amasar y amasa a velocidad media-baja durante 6 u 8 min. Cuando esté lista debe quedar blanda y despegarse de los lados del cuenco. Si la ves pegajosa, agrega un poco de harina para rectificar la consistencia.

PRIMERA FERMENTACIÓN: Coloca la masa en un nuevo cuenco untado de aceite. Cúbrela con un paño húmedo y déjala reposar entre 8 y 10 h a temperatura ambiente (21 °C) hasta que doble su volumen.

MONTA Y DALE FORMA: Forra una bandeja con papel de horno o una lámina de silicona antiadherente. Reserva.

Deja reposar la masa de 5 a 10 min en una superficie de trabajo ligeramente aceitada para que no se pegue y sea más fácil extenderla. Con un rodillo enharinado, extiéndela hasta formar un rectángulo grande, de unos 38 × 25 cm. Úntala con mermelada de frambuesa con una lengua de goma pequeña o el dorso de una cuchara, dejando un borde de 1,25 cm alrededor. Espolvorea las galletas de jengibre machacadas, la canela y las pepitas de chocolate.

Trabajando con el extremo corto de la masa, enróllala formando un cilindro apretado, acabando con la costura hacia abajo. Tómala por ambos extremos y pásala a la bandeja de horno. Se estirará un poco. Cúbrela con un paño húmedo y refrigérala entre 30 min y 1 h o más hasta que esté algo firme.

Con un cuchillo de sierra grande, corta la masa por la mitad a lo largo, dejando intactos 1,25 cm en la parte inferior. Comenzando por abajo, entrecruza las dos mitades con el relleno visible hacia arriba. Sigue hasta haber trenzado toda la masa. Pellizca y remete con suavidad los extremos para sellar la trenza.

Funde los 14 g (1 cda.) de mantequilla restantes en una cacerola pequeña o en el microondas.

(Continúa...)

TRENZA DE FRAMBUESA CON GALLETA

SEGUNDA FERMENTACIÓN: Pinta la masa por arriba y por los lados con la mantequilla fundida. Cubre y déjala reposar 1 h aproximadamente, según la temperatura, hasta que esté hinchada. Precalienta el horno a 200 °C.

HORNEA: Hornea la masa a media altura unos 20–25 min. Baja la temperatura a 180 °C y hornea otros 10–15 min. Cuando esté lista, la trenza estará hinchada y de un bonito color dorado. Parte del relleno burbujeará y se caramelizará por los lados.

Cuando se haya enfriado del todo, espolvoréala con azúcar glas y cúbrela con frambuesas frescas. Córtala en rebanadas y disfruta.

Lo mejor es comer la trenza el día que se hace. Cúbrela con film transparente y guárdala a temperatura ambiente hasta 2 días.

NUDO DE CHOCOLATE Y CARAMELO SALADO

Para 1 nudo

Esperar a que esta delicia de masa madre se enfríe será la agonía de 30 min más larga de tu vida. ¡Intenta resistirte a probar una rebanada caliente llena de crema de chocolate con avellanas y dulce de leche! Yo espolvoreo el relleno con sal marina Maldon en escamas, que le da el equilibrio perfecto de sabor salado y dulce. Solo un aviso: esta sal es diferente de la sal marina fina usada en masas de pan. Parece pequeños copos de nieve.

Acerca de la masa: El secreto de emplear esta técnica sin mancharse las manos de chocolate y caramelo (aunque se me ocurren cosas peores) es refrigerar la masa después de extenderla. Cuando esté más firme, será más fácil de cortar y las capas permanecerán intactas.

MASA

Receta de masa dulce (p. 138)

Aceite para la superficie de trabajo

RELLENO

120 g de crema de chocolate con avellanas, como nutela

60 g (2 cdas.) de dulce de leche, y más si es necesario

Sal marina en escamas

Azúcar glas para decorar

Unos días antes de hornear, alimenta el cultivo hasta que esté burbujeante y activo. Guárdalo a temperatura ambiente hasta que esté listo para usar.

PREPARA LA MASA: Prepara la masa dulce siguiendo el método de la trenza de frambuesa con galletas (p. 138). Cuando haya subido del todo, ve al paso siguiente.

MONTA Y DALE FORMA: Cubre una bandeja con papel de horno y espolvorea con harina. También puedes usar una lámina de silicona antiadherente.

Pasa la masa a una superficie de trabajo ligeramente aceitada para que no se pegue. Déjala reposar de 5 a 10 min antes de extenderla. Con un rodillo enharinado, extiéndela hasta formar un rectángulo grande de unos 46 × 30 cm. Unta la crema de chocolate sobre la masa dejando un borde de 1,25 cm alrededor. Añade un poco de dulce de leche con una cuchara y espolvorea un poco de sal marina en escamas.

Empezando por el lado largo, enrolla la masa formando un cilindro apretado, acabando con la costura hacia abajo. Recorta los extremos y colócala en la bandeja de horno. Cúbrela con un paño húmedo y refrigérala de 30 min a 1 h o más, hasta que quede algo firme. Mientras, forra con papel de horno el fondo y los lados de un molde de tartas de 25 cm.

Cuando la masa esté lista, córtala por la mitad a lo largo dejando sin cortar 1,25 cm de la parte inferior. Lo mejor es usar un cuchillo grande de sierra. Empezando por abajo, trenza las mitades, con las secciones en capas hacia arriba, y luego haz un nudo remetiendo con suavidad los extremos por debajo y pellizcándolos para sellarlos. Pasa la masa al molde de tarta.

SEGUNDA FERMENTACIÓN: Cubre la masa y déjala reposar 1 h aproximadamente, según la temperatura, hasta que la veas hinchada. Precalienta el horno a 200 °C.

HORNEA: Hornéala a media altura unos 20 min. Baja la temperatura a 180 °C y hornéala de 10 a 15 min más. Sácala del horno y déjala enfriar 30 min antes de espolvorearla con azúcar glas y servir.

Cubierto con film transparente y a temperatura ambiente, este nudo de masa madre se mantiene fresco hasta 1 día.

TRENZA DE ESPINACAS Y ALCACHOFAS PREPARADA DE ANTEMANO

Para 1 trenza grande

¿Te imaginas la riqueza de sabor y la untuosidad de las alcachofas y las espinacas a la crema en el relleno de un pan de masa madre, con abundante mozarela y parmesano? Este es un pan que impresiona. Además, tanto el relleno como la masa se pueden hacer por adelantado.

Acerca de la masa: En esta receta se usa la misma masa que para el pan de espiga con camembert (p. 134). Es una masa consistente, perfecta para extender y darle forma. Para cortarla en tiras es conveniente una rueda de pizza.

MASA

Receta de masa de pan de espiga (p. 134)

RELLENO

15 g (1 cda.) de aceite de oliva

1 cebolla morada o amarilla picada

110 g de corazones de alcachofa marinados, escurridos y picados

1 diente de ajo picado

230 g de espinacas baby

Sal y pimienta negra recién molida al gusto

30 g (2 cdas.) de crema agria o yogur griego

50 g de queso crema

60 g de mayonesa

20 g (2 cdas.) de parmesano rallado, y algo más para decorar

115 g de mozarela rallada

GLASEADO DE HUEVO

1 huevo grande

Un chorrito de agua

Semillas de sésamo para espolvorear

Unos días antes de hornear, alimenta el cultivo hasta que esté burbujeante y activo. Guárdalo a temperatura ambiente hasta que esté listo.

PREPARA LA MASA: Prepara la receta de masa de pan de espiga con el método de la página 134. Durante la primera fermentación, ve al paso siguiente.

PREPARA EL RELLENO: Calienta el aceite de oliva a fuego medio-bajo en una sartén grande. Saltea la cebolla entre 5 y 7 min hasta que esté blanda y un poco dorada. Añade los corazones de alcachofa y el ajo, y a los 30 s, por tandas, las espinacas. Déjalas pochar despacio. Sazona con sal y pimienta. Escurre el líquido residual de las espinacas, y a fuego bajo, agrega la crema agria, el queso crema y la mayonesa y remueve hasta que esté cremoso. Pasa el relleno a un cuenco y echa el parmesano. Cuando se haya enfriado del todo, refrigéralo hasta que vayas a usarlo.

ENROLLA Y MONTA: Corta una hoja grande de papel de horno y úntala con aceite. Pon la masa en el papel de horno. Déjala reposar 5-10 min antes de extenderla. Con un rodillo enharinado, extiéndela hasta formar un rectángulo grande de unos 38 × 25 cm. Recorta los bordes según sea necesario. Reparte con una cuchara por el centro a lo largo unos 10 cm de ancho del relleno frío. Debe quedar un borde sin relleno a cada lado. Cubre el relleno con la mozarela y más parmesano.

CORTA Y TRENZA LA MASA: Primero, con una rueda para pizza o tijeras aceitadas para acabar rápido, corta tiras de 2,5 cm a lo largo de la masa por un lado y luego el otro. Si usas cuchillo, trata de no arrastrar la masa al cortar. Hechos los cortes, empieza a cubrir el relleno por la parte superior solapando las tiras de uno y otro lado. Al comenzar a trenzar, la masa se estirará un poco. Sigue solapando las tiras hasta que tengas una trenza completa. Recorta y remete los extremos según sea necesario. Coloca la hoja de papel de horno con la trenza en una bandeja de horno con borde.

Bate en un cuenco pequeño el huevo con un chorrito de agua. Pinta la masa con este glaseado y espolvoréala generosamente con semillas de sésamo, apretándolas suavemente.

SEGUNDA FERMENTACIÓN: Cubre la masa y déjala reposar 1 h aproximadamente, según la temperatura, hasta que la veas hinchada. Precalienta el horno a 220 °C.

HORNEA: Hornea la trenza a media altura 30-35 min, o hasta que esté bien dorada. Al hornear, parte del queso puede rezumar por los lados y quedará tostado y crujiente en los bordes. Déjala enfriar durante 30 min en la bandeja antes de cortarla en rebanadas. Sírvela caliente o a temperatura ambiente, y que no falten servilletas.

Este pan está mejor recién hecho. Cúbrelo con film transparente y guárdalo a temperatura ambiente 1 día como máximo.

RECETAS PARA EL CULTIVO DE MASA MADRE SOBRANTE

Retirar y desechar parte del cultivo de masa madre como parte del proceso de alimentación puede parecer un desperdicio contrario al sentido común. Por suerte, hay una alternativa práctica a tirarlo por el fregadero. Además de para hacer pan, el cultivo sobrante sirve para varias cosas, y lo bueno es que no hay que esperar a que esté burbujeante y activo para utilizarlo.

La acidez del sabor de estas recetas dependerá del estado del cultivo. Si lleva tres semanas en el frigorífico, es probable que la acidez sea pronunciada. Yo prefiero emplear un cultivo recién alimentado o recién desactivado, sin demasiado líquido en la superficie, que aportará un sabor equilibrado a recetas tanto dulces como saladas. Pero, como siempre, juzga en función de tu buen criterio y olfato.

GOFRES DE MASA MADRE CON AZÚCAR Y CANELA

Para 4 gofres

Hacer gofres es una de las formas más fáciles de aprovechar cultivo sobrante. Crujientes por fuera y ligeros y esponjosos por dentro, estos gofres de azúcar y canela son increíbles. Para un desayuno casero de lujo, remátalos con la fruta de temporada que prefieras, copos de coco y una cucharada de nata montada.

AZÚCAR CON CANELA

50 g de azúcar

1 cdta. (3 g) de canela

GOFRES

120 g de cultivo sobrante

240 ml de leche entera o semidesnatada

3 cdas. (42 g) de mantequilla sin sal, fundida

1 huevo grande

120 g de harina común

1 cda. (12 g) de azúcar

2 cdtas. (10 g) de levadura en polvo

½ cdta. de sal marina fina

Espray de cocina para untar

COBERTURA

165 g de piña en dados

Un puñado de frutos rojos de temporada

30 g de copos de coco

Sirope de arce para servir

Mezcla en un cuenco poco profundo la canela y el azúcar.

Precalienta la plancha para gofres siguiendo las instrucciones del fabricante. En un cuenco grande, bate bien para mezclar el cultivo sobrante, la leche, 2 cucharadas (28 g) de mantequilla fundida y el huevo. Añade la harina, el azúcar, la levadura en polvo y la sal, y sigue batiendo hasta tener una masa homogénea. Si está demasiado espesa, agrega más leche. Dependerá de la consistencia del cultivo de masa madre.

Engrasa ligeramente la plancha con espray de cocina. Vierte un poco de masa en la plancha hasta llenar el molde. Cocina los gofres de 3 a 5 min, o hasta verlos dorados y crujientes. Colócalos en una tabla y píntalos con un poco de la mantequilla fundida restante. Apriétalos sobre el azúcar con canela para cubrir ambos lados.

Para servir, remata los gofres con la piña, los frutos rojos y los copos de coco, y acompáñalos con sirope de arce aparte.

CONSEJO: Cuando se hayan enfriado del todo, y cubiertos con film transparente y papel de aluminio, los gofres se pueden congelar hasta 2 meses. Hornéalos congelados a 180 °C hasta que estén calientes por dentro.

POPOVERS FÁCILES CON MOSTAZA DE DIJON Y PEREJIL

Para 6 popovers grandes

¿Quieres saber el secreto para hacer *popovers* ligeros y esponjosos? Es la masa a temperatura ambiente. En tiempos hice muchos con leche fría, y en lugar de bollitos ligeros como nubes, salían magdalenas húmedas por dentro. Si te pasa, no es el fin del mundo (de hecho, mi madre prefiere la versión magdalena), pero para lograr ese interior ligero, asegúrate de notar tibia al tacto la masa. Estos *popovers* salados son fantásticos con una sopa. Necesitarás un molde grande para *popovers*.

300 ml de leche entera o semidesnatada

2 cdas. (28 g) de mantequilla sin sal en dados

3 huevos grandes a temperatura ambiente

120 g de cultivo sobrante

1 cda. (20 g) de mostaza de Dijon

1 cda. (4 g) de perejil picado fino

¼ de cdta. de ajo en polvo

½ cdta. de sal marina fina

Pimienta negra recién molida

120 g de harina común

Espray de cocina, aceite o mantequilla fundida para los moldes

Precalienta el horno a 230 °C. Calienta un molde antiadherente grande para *popovers*.

Calienta la leche con la mantequilla a fuego lento en una cacerola pequeña o en el microondas. Déjala enfriar un poco antes de añadir el resto de los ingredientes.

Mientras, casca los huevos en un cuenco grande. Añade el cultivo sobrante, la mostaza de Dijon, el perejil, el ajo en polvo, la sal y unas vueltas de pimienta negra recién molida. Bate la mezcla y luego, sin dejar de batir, agrega poco a poco la leche caliente. Echa la harina y bate hasta que la masa esté líquida, espumosa y sin grumos.

Retira el molde caliente del horno y úntalo ligeramente con aceite en espray. Vierte una parte de la masa en el molde, hasta llenarlo aproximadamente dos tercios. Chisporroteará. Cuando termines, coloca el molde en la rejilla central del horno y baja la temperatura a 200 °C. Hornea durante 40 min. Cuando estén listos, los *popovers* estarán bien inflados y dorados. Sírvelos muy calientes. A medida que se enfríen comenzarán a desinflarse.

GALLETAS DE MASA MADRE DE LIMA Y REQUESÓN

Para 3 a 4 docenas

Mi mejor amiga hace las mejores galletas de requesón. Las comemos desde niñas, cuando robábamos todas las que podíamos de la lata de galletas de Navidad de su madre. He adaptado su receta original a la masa madre, que resulta ser el complemento perfecto de la lima. La textura es deliciosamente blanda, casi como de bizcocho, y la endulza un glaseado de lima rápido y fácil de hacer. Estas galletas son un regalo estupendo.

GALLETAS

8 cdas. (113 g) de mantequilla sin sal blanda

200 g de azúcar

1 huevo grande

120 g de cultivo sobrante

125 g de requesón de leche entera

Ralladura de 1 o varias limas

1 cdta. (5 ml) de extracto de vainilla puro

360 g de harina común

1 cda. (15 g) de levadura en polvo

½ cdta. de sal marina fina

GLASEADO DE LIMA

90 g de azúcar glas tamizado

Zumo de 1 o 2 limas (reserva la ralladura para adornar)

Precalienta el horno a 180 °C. Cubre con papel de horno dos bandejas para hornear y reserva.

Bate de 3 a 4 min en el cuenco de una amasadora la mantequilla y el azúcar hasta obtener una mezcla ligera y aireada. Limpia hacia abajo la pared del cuenco. Añade el huevo, bate, y con el aparato en marcha, agrega el cultivo sobrante, el requesón, la ralladura de lima y la vainilla. Según la temperatura de los ingredientes, la mezcla puede quedar grumosa, pero no pasa nada.

Mientras tanto, bate en un cuenco grande la harina, la levadura en polvo y la sal. A velocidad baja, echa poco a poco los ingredientes secos y mezcla hasta incorporarlos. Limpia la pared del cuenco de nuevo procurando no dejar harina seca en el fondo. Olerá de maravilla. Cubre el cuenco con film transparente y enfría la masa de 30 min a 1 h. Luego colócala en porciones con una cuchara sopera o de helado pequeña en las bandejas.

Hornea las dos bandejas unos 15–17 min. Cámbialas de sitio a mitad de horneado para que las galletas se doren por igual. Cuando estén listas tendrán un color amarillo pálido con la parte inferior dorada y las notarás blandas. Pásalas a una rejilla.

Para el glaseado, tamiza en un cuenco pequeño el azúcar glas. Vierte el zumo de 1 lima y bate hasta obtener un glaseado liso. Si queda demasiado espeso, añade más zumo de lima hasta lograr una consistencia que permita verterlo.

Cuando las galletas se hayan enfriado del todo, echa un poco de glaseado encima y decóralas con ralladura de lima.

En un recipiente hermético, estas galletas se mantienen frescas de 3 a 5 días. Sin glasear y entre hojas de papel de horno para evitar que se peguen, también se pueden congelar hasta 2 meses.

CONSEJO: El requesón sobrante sirve para hacer *zeppole* de masa madre (página 155).

ZEPPOLE DE MASA MADRE

Para unas 3 docenas

Advertencia: Son muy adictivas. Más ligeras que un dónut y parecidas a buñuelos dulces y esponjosos, estas *zeppole* de masa madre pueden competir con las de cualquier puesto de comida de carnaval. La masa con ricota cremosa está ligeramente endulzada con un toque de azúcar y extracto de vainilla. Una vez fritas, quedarán perfectamente crujientes por fuera, y tendrás que contenerte para no devorar toda la tanda. Para obtener los mejores resultados, antes de freír asegúrate de tener los ingredientes a temperatura ambiente.

2 huevos grandes a temperatura ambiente

125 g de ricota de leche entera a temperatura ambiente

120 g de cultivo sobrante

½ cdta. de extracto de vainilla puro

120 g de harina común

2 cdtas. (10 g) de levadura en polvo

50 g de azúcar

Una pizca de sal marina fina

1,4 l de aceite vegetal para freír

Azúcar glas para servir

Bate en un cuenco grande los huevos, la ricota, el cultivo sobrante y el extracto de vainilla. Añade la harina, la levadura en polvo, el azúcar y la sal, y mezcla con una cuchara de madera hasta incorporarlos. Quedará una masa espesa.

En una olla de 20 cm, calienta el aceite a fuego medio-alto hasta unos 182-185 °C. Para comprobar que el aceite está lo bastante caliente, echa 1 cucharadita de masa: si flota y la rodean pequeñas burbujas, está lista; si no, deja que alcance la temperatura adecuada y vuelve a intentarlo.

Con una cuchara sopera o una cuchara de helado pequeña, pon a freír en el aceite durante unos 3 o 4 min porciones de masa, dándoles la vuelta de vez en cuando, hasta que estén hinchadas, doradas y hechas por dentro. Con una espumadera grande, pasa las *zeppole* a un plato con papel de cocina. Si es necesario, ajusta el fuego y termina de freír el resto de la masa. *Nota:* Para evitar que la masa se pegue, sumerge la cuchara o una cuchara de helado en el aceite caliente entre una porción y otra.

Para servir, espolvorea las *zeppole* aún calientes con azúcar glas.

VARIANTES: Prueba a sustituir el extracto de vainilla por una gota de Fiori di Sicilia, extracto aromático con notas de vainilla y cítricos. Lo encontrarás en tiendas italianas especializadas y en internet. También puedes recubrirlos, aún calientes, con azúcar con canela en lugar de azúcar glas.

GALLETAS SALADAS DE MASA MADRE CON GRUYER Y TOMILLO

Para 3 a 4 docenas

Si te gusta hacer galletas, deberías probar a hacer galletas saladas caseras. Viene a ser lo mismo: extiendes la masa, la cortas de distintas formas y las horneas. Más fácil de lo que habrías pensado. El cultivo de masa madre sobrante es perfecto para ello, y estas galletas en particular se inflan y quedan crujientes y estupendas. El secreto es la mantequilla fría y la masa refrigerada, así que asegúrate de tener un estante libre en el frigorífico. Esta masa se puede tener hecha dos días antes, envuelta y refrigerada.

120 g de harina común

½ cdta. de sal marina fina

¼ de cdta. de ajo en polvo

60 g de cultivo sobrante

4 cdas. (56 g) de mantequilla sin sal, fría y cortada en dados

227 g de queso gruyer rallado

2 cdas. (20 g) de queso parmesano rallado

Las hojas de 6 ramitas de tomillo, y algo más para servir

De 3 a 4 cdas. (45 a 60 ml) de agua fría, y más si es necesario

Echa todos los ingredientes en el cuenco de un procesador de alimentos con 1 cucharada (15 ml) de agua. Mantén pulsado el botón de encendido hasta que se formen miguitas pequeñas. Añade agua para cohesionar la masa, pero procura no batirla demasiado. Extiéndela en forma de disco, cúbrela con film transparente y déjala enfriar al menos 30 min.

Precalienta el horno a 165 °C. Cubre con papel de horno una bandeja.

Divide la masa por la mitad. Extiéndela lo más fina posible, con unos 3 mm de grosor, en una hoja de papel de horno para evitar que se pegue.

Corta la masa con un cortador de galletas de 4 cm. Coloca las galletas separadas por el ancho de un dedo en la bandeja con el papel de horno. Hazles, si lo prefieres, un agujero en el centro con un palillo o la punta de un pincel fino. Antes de hornear, enfría la masa de 5 a 10 min. Mientras, junta los restos de la masa, vuelve a extenderlos y dales forma de nuevo. Repite con el resto de la masa.

Hornea las galletas unos 15 min o más, según el grosor, hasta que estén hinchadas y doradas. Déjalas enfriar en la bandeja para que se vuelvan crujientes. Si el centro queda un poco blando, vuelve a hornearlas a baja temperatura, a 130 °C, hasta que queden crujientes. Espolvorea con las hojas de tomillo restantes para servir.

Cuando se hayan enfriado del todo, guarda las galletas en un recipiente hermético hasta 3 días.

GALLETAS DE ESPELTA CON SÉSAMO PARA PARTIR

Para 4-6 personas

Además de usar un cortador de galletas como en la receta anterior, otra forma divertida de hacer galletas, y que les da un aspecto más rústico, es de modo que se puedan partir con la mano. El aceite de oliva facilita mucho extender esta masa, y la harina de espelta con sabor a frutos secos y el sésamo crean una estupenda combinación de sabores. Sírvelas solas como aperitivo o con tu salsa favorita. Yo optaría por un hummus cremoso.

125 g de harina integral de espelta

2 cdas. (20 g) de semillas de sésamo

½ cdta. de sal marina fina

2 cdas. (40 g) de miel

60 g de cultivo sobrante

60 ml de aceite de oliva

Mezcla con un tenedor en un cuenco pequeño todos los ingredientes, raspando la pared del cuenco hasta cohesionar la masa. Debe quedar muy blanda, pero no pegajosa; añade harina si es necesario. Una vez lista, envuélvela y déjala enfriar durante la noche, o ve al paso siguiente.

Precalienta el horno a 165 °C.

Divide la masa en cuatro porciones iguales. Corta una hoja grande de papel de horno y colócala en la superficie de trabajo. Pon dos trozos de masa en cada extremo del papel. Trabaja con un trozo de masa cada vez y extiéndelo hasta formar un rectángulo fino de aproximadamente 1,6 mm de grosor. No tiene que quedar perfecto. Extiende la segunda porción de masa. Utiliza el papel de horno para pasar la masa a una bandeja con borde. *Paso opcional:* con un cuchillo grande, greña la masa con cuidado en tiras anchas para separarlas después de hornear. Es lo que he hecho en las galletas de la foto. O simplemente rompe la masa en galletas rústicas grandes. Corta una segunda hoja de papel de horno y extiende las porciones de masa restantes cuando la primera tanda entre en el horno.

Hornea las galletas unos 15 min, según el grosor. Cuando estén listas, los bordes estarán oscuros y el centro dorado. Todavía las notarás algo blandas, pero se volverán crujientes al enfriarse. Una vez que se hayan enfriado por completo, pártelas en trozos grandes.

En un recipiente hermético, estas galletas se conservan frescas hasta una semana o más. Para congelarlas durante un mes o más, guárdalas entre capas de papel de horno.

CONSEJO: Guardándola envuelta y refrigerada, la masa se puede hacer dos días antes de hornear.

PANES PLANOS DE YOGUR GRIEGO

Para 8 panes planos

Con cultivo de masa madre sobrante y yogur griego ácido se pueden hacer los mejores panes planos caseros, deliciosamente blandos. No te creerás cuán fácil es hacerlos. Como sugiere su nombre, no hace falta que suban, pero para que sea más fácil extenderla, la masa sí debe reposar aproximadamente una hora, y se congelan muy bien.

Nota: El proceso para hacer panes planos es similar al de las tortitas. Cuando veas burbujas en la superficie, es el momento de darles la vuelta. Para calcular el calor, prueba con un poquito de masa: eso hago yo. Si la extiendes fina, los panes te saldrán blandos y flexibles; si te queda más gruesa, saldrán esponjosos.

300 g de harina común

1 cda. (12 g) de azúcar

1 cdta. (5 g) de sal marina fina

½ cdta. de levadura en polvo

120 g de cultivo sobrante

60 g de yogur griego

60 ml de aceite

De 1 a 2 cdas. (15 a 30 ml) de agua tibia

2 cdas. (28 g) de mantequilla sin sal fundida

Bate en un cuenco grande la harina, el azúcar, la sal y la levadura en polvo. Añade el cultivo sobrante, yogur, aceite y 1 cucharada (15 ml) de agua. Mezcla con las manos hasta obtener una masa de aspecto rugoso. Debe quedar blanda, pero no pegajosa. Si hace falta para darle la textura adecuada, agrega más agua o harina. Cúbrela con un paño de cocina húmedo y déjala reposar 1 h.

En una superficie de trabajo ligeramente enharinada, aplana la masa en forma de rectángulo y divídela en 8 trozos iguales de unos 80 g cada uno. Cúbrela con un paño húmedo.

Trabaja de porción en porción. Extiende la masa en un círculo delgado de unos 20 cm. La forma no tiene que ser perfecta, pero procura que sea solo un poco menor que el ancho de la sartén. Funde la mantequilla en una cacerola pequeña o en el microondas. Calienta a fuego medio-bajo una sartén grande de hierro fundido.

Pon la masa en la sartén caliente y seca, y hazla 2 o 3 min por un lado. Cuando se hinche y tenga algunas burbujas en la superficie, píntala con un poco de mantequilla fundida y dale la vuelta. Hazla 1 o 2 min por el otro lado. Cuando los panes estén listos, píntalos con más mantequilla y pásalos a una tabla envueltos en un paño para mantenerlos calientes. Extiende la siguiente porción de masa y prepara el resto.

Lo mejor es comer estos panes calientes. Se pueden recalentar envueltos en papel de aluminio en el horno a baja temperatura, a unos 140 °C. Recalentados en la rejilla central del horno, quedarán crujientes.

Apilados, envueltos y a temperatura ambiente, los panes planos se conservan 1 o 2 días. Recaliéntalos como se indica arriba para darles la mejor textura. Envueltos en film transparente y papel de aluminio, puedes congelarlos hasta 3 meses.

CONSEJO: Cuando ya hayas hecho esta receta, prueba a añadir distintos condimentos a la masa. Las hierbas aromáticas picadas, como el romero y la salvia, siempre quedan bien, o espolvorea un poco de ajo en polvo y semillas de sésamo. A veces añado un puñado de chalota picada, que da a la masa un suave sabor a cebolla.

PARA DISFRUTAR CON PAN

))))

A estas alturas, ya sabes que para el pan de masa madre bastan un buen cuchillo de pan y algo de aceite de oliva picantito, pero para saborear cada bocado he reunido varias formas creativas y deliciosas de disfrutarlo recién horneado o de ayer. La *panzanella* de alcachofas fritas (p. 168) es una gran opción, sobre todo si tienes invitados. Si prefieres algo dulce, prueba el *brioche* de masa madre con helado (p. 172), lo más exquisito en bollería con helado. No dudes en incorporar la masa madre a tus propias recetas favoritas. ¡Buen provecho!

PUDÍN DE PAN CON PASAS Y RON

Para 4-6 personas

El mejor pudín de pan que puedas llegar a probar es el de un pintoresco restaurante italiano del Upper East Side llamado Sfoglia. Es intenso y excelente, con solo un toque de ron negro que le da un sabor más profundo. Intenté en vano sonsacar la receta al chef, pero esta versión se acerca bastante. Sé que la base de crema se cuece un momento para espesarla y hacerla más cremosa, técnica que omite la mayoría de las recetas. Para lograr los mejores resultados, usa leche entera (¡desnatada no, por favor!) o mezcla de leche y nata. Espolvorea el fondo del molde con azúcar, un truco que aprendí de Jamie Oliver.

480 ml de leche entera

6 huevos grandes

50 g de azúcar, y algo más para espolvorear

Una pizca de sal

2 cdas. (28 g) de mantequilla sin sal, y algo más más para recubrir

2 cdas. (30 ml) de ron negro

6 rebanadas (unos 240 g) de pan de masa madre básico (p. 26) del día anterior, en dados

Un puñado de pasas o grosellas

2 cdas. (30 ml) de salsa de caramelo

Azúcar glas para espolvorear

Para la crema pastelera, calienta la leche a fuego lento en una cacerola pequeña. Mientras, bate en un cuenco mediano los huevos, el azúcar y la sal. Sin parar de batir, vierte lentamente la leche caliente en la mezcla de huevo. Echa de nuevo la crema en la cacerola.

Sube el fuego a medio-bajo y cuece entre 10 y 15 min la crema hasta que se espese un poco, removiendo a menudo para evitar que se pegue al fondo. La textura final debe ser como de nata espesa, pero no tanto como el pudín. Añade la mantequilla para que se funda y luego el ron. Cuela la crema con un colador de malla fina.

Pon los dados de pan y un puñado de pasas en un cuenco grande. Vierte encima la crema caliente y remueve bien para mezclar. Deja reposar la mezcla al menos 30 min para que absorba la crema.

Mientras, precalienta el horno a 180 °C. Unta generosamente con mantequilla un molde rectangular de 23 × 33 cm o una fuente de horno ovalada. Espolvorea con azúcar el fondo y los lados.

Pasa el pan al molde o fuente y vierte encima el resto de crema que pudiera quedar. La cantidad sobrante dependerá de lo fresco o duro que esté el pan. Cubre con la salsa de caramelo. Hornea durante unos 30-35 min, o hasta que el pudín esté cuajado. Debe quedar dorado, con el centro blando. Y olerá divino. Espolvoréalo con azúcar glas para servir.

RIBOLLITA TOSCANA DE ENTRESEMANA

Para 4-6 personas

La *ribollita* es una sopa tradicional italiana hecha con varias verduras y espesada con pan del día anterior. Aunque es excepcionalmente sabrosa, su textura sopa me recuerda a un pudín de pan y minestrone. Aquí me limito a acompañarla con pan de centeno tostado y frotado con un diente de ajo. Esta sopa se congela muy bien, así que prepara una buena cantidad cuando tengas tiempo para descongelar cualquier noche de la semana.

2 cdas. (30 ml) de aceite de oliva

1 cebolla grande picada

1 zanahoria mediana en daditos

1 tallo de apio pequeño en daditos

80 g de col rallada

Sal y pimienta negra recién molida

1 diente de ajo grande en láminas

1 cda. (16 g) de pasta de tomate

De 1 a 2 l de caldo de pollo, y más si es necesario

4 patatas pequeñas en daditos

1 manojo pequeño de col rizada toscana picada

250 g de alubias blancas cocidas, lavadas y escurridas

Pumpernickel rústico (p. 88) u otro pan de masa madre

1 diente de ajo cortado por la mitad

Hojas de apio (opcional)

Queso parmesano al gusto

En una olla grande de fondo grueso, calienta a fuego medio-bajo el aceite de oliva. Añade la cebolla, la zanahoria, el apio y la col, y sazona con sal y pimienta. Saltea las verduras 5 o 6 min hasta que se ablanden. Agrega el ajo y cocina hasta que desprenda aroma.

Incorpora la pasta de tomate y remueve bien para que se disuelva. Vierte 1 litro de caldo de pollo. Cuando hierva, echa las patatas y la col rizada. Baja el fuego al mínimo y cocina a fuego lento unos 30-40 min con la tapa entreabierta hasta que las verduras estén hechas del todo. Si hace falta o lo prefieres, añade más caldo de pollo. Agrega las alubias blancas.

Unos 10 min antes de servir, tuesta el pan rústico, o simplemente córtalo en rebanadas. Rocíalo con aceite de oliva y frótale un diente de ajo cortado mientras aún está caliente. Sazona con un poco de sal y pimienta. Sirve la sopa en tazones muy caliente y cubierta con hojas de apio y queso parmesano, con el delicioso pan para mojar.

PANZANELLA DE ALCACHOFAS FRITAS CON ALCAPARRAS CRUJIENTES Y MENTA

Para 4 personas

Lo más destacado de esta ensalada italiana rústica es el pan de masa madre troceado y frito en aceite de oliva. También es la esponja perfecta para absorber todos los intensos sabores, y su textura crujiente combina muy bien con la tierna mozarela fresca. Para esta receta me gusta usar pan de pipas de girasol tostadas (p. 84), pero le va muy bien cualquier pan de masa madre. Hay algo mágico en la combinación de pipas de girasol y alcachofas.

60 ml de aceite de oliva, y más si es necesario

4 rebanadas (unos 160 g) de pan de pipas de girasol tostadas (p. 84) en trocitos

Sal y pimienta negra recién molida

2 cdas. (17 g) de alcaparras lavadas y escurridas

250 g de mitades de corazones de alcachofa en conserva a la parrilla

120 g de bolas de mozarela baby

Un puñado de hojas de menta fresca cortadas en tiras

1 cda. (8 g) de pipas de girasol

Calienta en una cacerola mediana el aceite de oliva hasta que esté muy caliente. Añade el pan y baja el fuego. Fríelo unos 10 min o más, según el tamaño de los trocitos, removiendo a menudo hasta verlo dorado y crujiente. Pásalo a un plato con papel de cocina. Sazona con un poco de sal y pimienta.

Pon las alcaparras en la misma cacerola con el aceite de oliva justo para cubrirlas. Asegúrate de que queden sumergidas del todo y fríelas unos 3–5 min hasta que estén crujientes. Cuando se abran como flores, pásalas al plato con el papel de cocina. ¡Prueba una!

Coloca en un cuenco grande los corazones de alcachofa y luego la mozarela desmenuzada a mano. Añade el pan frito crujiente y mezcla bien para combinarlo todo. Cuando vayas a servirla, cubre la ensalada con la menta, las pipas de girasol y las alcaparras crujientes.

CONSEJO: Yo uso corazones de alcachofa en conserva a la parrilla. Los compro en tiendas especializadas en productos italianos o en la sección de delicatesen de los supermercados. Cualesquiera corazones de alcachofa en conserva sirven; elige los mejores que encuentres.

SÁNDWICHES ABIERTOS DE QUESO FUNDIDO Y TOMATE

Para 6 personas

Mi marido es sudafricano, y uno de los primeros platos con los que me conquistó fueron los *braaibroodjies*, que son sándwiches a la parrilla habituales en los *braais* o barbacoas. Imagina lonchas finas de queso chédar con un tomate jugoso, cebolla morada y una fina capa de mermelada de albaricoque, tostadas a la perfección a la llama. Fiel al original, pero con una variante, los he hecho abiertos, al grill y rematados con albahaca fresca. Deliciosos.

6 rebanadas de pan blanco rústico (p. 62)

De 2 a 4 cdas. (40 a 80 g) de mermelada de albaricoque

Un cuarto de cebolla morada pequeña en rodajas finas

Un puñadito de albahaca fresca troceada a mano

12 lonchas de chédar blanco o amarillo

6 rodajas de tomate maduro

Sal y pimienta recién molida

Tuesta las rebanadas de pan hasta darles un dorado ligero. Pásalas a una bandeja cubierta con papel de horno.

Pon en cada rebanada una capa fina de mermelada de albaricoque, unas rodajas de cebolla roja, hojas de albahaca y 2 lonchas de chédar. Cubre con una rodaja de tomate y sazona con sal y pimienta.

Gratina los sándwiches 2 o 3 min o hasta que el queso se funda y los bordes estén dorados. Añade unas hojas de albahaca para servir.

BRIOCHE DE MASA MADRE CON HELADO

Para 8 personas

En Sicilia es habitual ver gente en la playa comiendo bollos de *brioche* rellenos de helado cremoso y dulce. ¡Lo sé porque estaba allí haciendo lo mismo! Mis primos me iniciaron en esta especie de hamburguesa de helado, y desde entonces soy adicta. Para prepararlo, usa la receta de masa del *brioche* ligero y esponjoso (p. 70) y rellénalo con tu helado favorito. Anímate, es una de las mejores cosas que probarás en tu vida.

Receta de *brioche* ligero y esponjoso en forma de bollos (p. 70)

Helado de diversos sabores, como chocolate, fresa, café, pistacho, vainilla y caramelo

Bolitas y fideos de azúcar para decorar (opcional)

Para empezar, prepara la variante para bollos de la receta del *brioche* ligero y esponjoso (p. 70). Una vez fríos, abre los bollos por la mitad y rellénalos con dos o más bolas de tu helado favorito. Recúbrelos con las bolitas y los fideos de azúcar para repostería, si lo deseas, y disfrútalos de inmediato.

CROSTONES DE *FOCACCIA* CON PECORINO Y ENELDO

Para 1 bandeja de crostones

El pan del día anterior es excelente para elaborar crostones. Los agujeros irregulares de la miga absorben aderezos sabrosos, como la vinagreta griega de la página 176. Basta cortar en dados cualquier pan de masa madre que tengas a mano (la *focaccia* es perfecta) y hornearlos a temperatura moderada hasta dorarlos. A mí me gustan con ajo en polvo, eneldo fresco y un poco de queso pecorino. El sabor es tremendamente adictivo.

De 200 a 240 g de *focaccia* básica sin amasar (p. 92) cortada en dados

De 2 a 3 cdas. (30 a 45 ml) de aceite de oliva

½ cdta. de ajo en polvo

2 cdas. colmadas (8 g) de eneldo fresco picado

Queso pecorino al gusto

Sal y pimienta negra recién molida

Precalienta el horno a 180 °C

Dispón los dados de pan en una bandeja de horno y rocíalos con un poco de aceite de oliva. Espolvorea con ajo en polvo, eneldo fresco y pecorino. Sazona con sal y pimienta. Mezcla con suavidad con las manos, y si es necesario, añade más aceite de oliva hasta que queden bien cubiertos.

Hornea los crostones durante 20-30 min, y comprueba a los 15 min. Están listos cuando queden dorados y crujientes.

Cuando se hayan enfriado, guárdalos 2 o 3 días en un recipiente hermético.

CONSEJO: Tritura los crostones sobrantes en un procesador de alimentos para hacer pan rallado casero. Guárdalo a temperatura ambiente o congélalo hasta 3 o 6 meses.

ENSALADA GRIEGA LIGERA Y FRESCA CON CROSTONES DE *FOCACCIA*

Para 4 personas

Si has hecho ya los crujientes crostones de *focaccia* con pecorino y eneldo de la página 175, tienes que probarlos en esta ensalada refrescante y saludable de lechuga fresca, hortalizas varias y queso feta. Los crostones absorben perfectamente la deliciosa vinagreta, y cada bocado tiene un sabor intenso.

Posdata: Se me olvidaron las aceitunas. La idea era añadir un buen puñado de kalamatas, pero al abrir el frigorífico solo tenía aceitunas verdes rellenas de pimiento. Como se trataba de hacer una ensalada y no un martini, seguí adelante sin este contrapunto salado. No dudes en agregar tantas aceitunas como quieras.

VINAGRETA GRIEGA

120 ml de aceite de oliva

Zumo de 1 limón

1 cda. (15 ml) de vinagre de vino tinto

1 diente de ajo grande aplastado

½ cdta. de orégano seco

2 cdas. (20 g) de queso parmesano rallado

Sal y pimienta negra recién molida

ENSALADA

Media lechuga pequeña cortada en tiras

1 puñado grande de brotes de mézclum

135 g de tomates cherri cortados por la mitad o en cuartos, según el tamaño

Medio pepino pequeño en rodajas

4 rábanos pequeños en rodajas finas

80 g de garbanzos cocidos

50 g de aceitunas kalamata (opcional)

30 g de crostones de *focaccia* con pecorino y eneldo (p. 175)

50 g de queso feta desmenuzado

Para preparar el aliño, echa todos los ingredientes en un tarro de vidrio. Sazona con sal y pimienta al gusto, agita bien para mezclar y refrigéralo hasta que vayas a usarlo. Cuanto más tiempo repose, más pronunciado será el sabor a ajo. Puedes prepararlo hasta 2 días antes y retirar el diente de ajo al cabo de 1 día.

Coloca todos los ingredientes de la ensalada en un cuenco grande, reservando el queso feta desmenuzado. Añade parte del aliño y remueve bien para combinar. Los crostones absorberán la mayor parte del aliño, así que no temas agregar más. Justo antes de servir, pon el queso feta por encima y mezcla un poco. Sirve a temperatura ambiente.

ENSALADA DE TOMATE DE VERANO

Para 4 personas

En pleno verano no hay nada mejor que una jugosa ensalada de tomate. Si se aliña con aceite de oliva y hierbas aromáticas frescas, solo hacen falta unas rebanadas de pan de masa madre para mojar y disfrutar de todos los deliciosos sabores. El secreto está en dejar reposar la ensalada durante al menos 15 min. Los tomates soltarán su jugo en la ensaladera creando así la mejor «salsa» para mojar. Sirve con unas rebanadas de pan de sémola dorada con sésamo (p. 87).

Posdata: Iba a hacer esta ensalada cuando en el mercado di con unos hermosos rábanos sandía, y no pude resistirme a su vibrante color rosa y verde. Son una delicia de temporada, así que si no los encuentras, los rábanos rojos de toda la vida también quedan muy bien. Lo importante es que sean crujientes.

3 o 4 tomates de variedades tradicionales de colores en gajos

Un puñado de tomates cherri en mitades

½ rama de apio en rodajas finas

1 rábano sandía grande o 2 rábanos rojos en rodajas finas

¼ de cebolla morada en rodajas finas

2 cdas. (8 g) de cebollino picado

Aceite de oliva para aliñar

1 cdta. (5 ml) de vinagre de vino tinto

Sal al gusto

1 cda. (4 g) de hojas de apio

Medio pan de sémola dorada con sésamo (p. 87) en rebanadas

Pon en un cuenco grande los tomates, el apio, los rábanos, la cebolla y el cebollino. Rocía con aceite de oliva, añade el vinagre y sazona con sal al gusto. Mueve bien para combinar. Deja reposar la ensalada de tomate al menos 15 min o más para que se combinen los sabores.

Sirve la ensalada de tomate en una ensaladera. Reparte las hojas de apio por encima. Coloca las rebanadas de pan alrededor y sirve al estilo familiar.

CONSEJO: Usa una mandolina para cortar las hortalizas en láminas finas. Puedes lograr un resultado similar con un pelador de verduras.

SALSA DE ALUBIAS Y RÚCULA PARA UNTAR

Para 4-6 personas como aperitivo o entrante

Esta salsa cremosa de alubias blancas con brotes de rúcula es un destino perfecto para una rebanada de pan de masa madre casero. Además de sana, es increíblemente fácil de preparar: unos segundos en la batidora, y listo. Sírvela con baguete trenzada (p. 130), que recomiendo porque su corteza crujiente combina muy bien con la textura sedosa de las alubias.

375 g de alubias blancas cocidas, lavadas y escurridas

1 puñadito de brotes de rúcula

60 ml de aceite de oliva, y algo más para cubrir

Medio diente de ajo picado

Una pizca de copos de pimiento rojo

Ralladura y zumo de 1 limón

Sal y pimienta negra recién molida

Baguete trenzada (p. 130) en rebanadas

Pon en el vaso de una batidora las alubias, la rúcula, el aceite de oliva, el ajo, el pimiento rojo, la ralladura y el zumo de medio limón. Sazona generosamente con sal y pimienta. Bate varias veces hasta que tenga una textura cremosa y rústica. Prueba la salsa y agrega zumo de limón o sal y pimienta si lo pide.

Pasa la salsa a un cuenco pequeño y rocíala con aceite de oliva y copos de pimiento rojo. Sírvela con las rebanadas de pan de masa madre para mojar.

VARIANTE: En lugar de rúcula también puedes usar hojas frescas de perejil o cilantro.

ACEITE CON AJO, HIERBAS Y LIMÓN

Para 2 a 4 personas

En nuestro barrio hay un restaurante italiano que recibe a los clientes con aceite para mojar con un pan delicioso. No paro de analizarlo hasta la saciedad mojando y mojando para identificar todos los sabores. Esta versión, que incluye hierbas aromáticas frescas y secas, es lo más parecido que he conseguido. El parmesano del fondo del cuenco es lo mejor. Por cierto, si duplicas las cantidades de la receta, puedes usarla como adobo para pollo y gambas, o para alegrar unas patatas asadas.

80 ml de aceite de oliva de buena calidad

2 dientes de ajo picados o en láminas finas

Ralladura de medio limón

1 cda. (4 g) de perejil picado fino

1 cdta. (1 g) de romero fresco picado

Una pizca de orégano seco

Una pizca de copos de pimiento rojo

1 cda. colmada (15 g) de queso parmesano rallado

Sal y pimienta negra recién molida

Para servir, colines blandos de sémola con migas mantecosas (p. 126) o *focaccia* básica sin amasar (p. 92)

Mezcla bien todos los ingredientes en un cuenco pequeño. Sazona generosamente con sal y pimienta. Moja un trozo de pan en el aceite para probar y, si hace falta, ajusta el aliño. Debe quedar ácido y sabroso. Sirve con palitos de pan, *focaccia* o el pan de masa madre que prefieras para mojar.

NOTA: Lo mejor es preparar este aceite para mojar justo antes de servirlo. El aceite de ajo se pasa rápido, así que no debe prepararse con antelación ni guardarse indefinidamente.

MERMELADAS RÁPIDAS

La ventaja de hacer mermelada en pequeñas cantidades es que puedes experimentar con distintos sabores sin tener que acumular tarros. Además, este sencillo método prescinde del envasado hermético, y puedes hacer mermeladas caseras en 30 min o menos.

MERMELADA DE ALBARICOQUE Y VAINILLA

Para unos 350 g

450 g de albaricoques deshuesados y troceados

Zumo de medio limón

200 g de azúcar

2 vainas de vainilla o 1 cdta. (5 ml) de extracto de vainilla puro

Calienta en una olla mediana los albaricoques, el zumo de limón y el azúcar, y baja el fuego cuando hierva. Mientras, corta las vainas de vainilla por la mitad a lo largo. Pasa la punta de una cuchara por cada mitad para extraer las semillas. Añade a la olla la vainilla y las vainas.

Cuece los albaricoques a fuego lento unos 20 min, removiendo de vez en cuando, hasta que estén blandos y se deshagan. Ve retirando la espuma de la superficie con un cucharón pequeño para que la mermelada salga clara. Estará lista cuando esté espesa y brillante, y cubra el dorso de una cuchara sin gotear.

Para obtener una mermelada lisa, tritúrala fuera del fuego con una batidora de brazo. Si la quieres con tropezones, machácala con un prensapatatas hasta tener la consistencia deseada. Déjala enfriar del todo con las vainas para que infusionen. Viértela en tarros y guárdala en el frigorífico hasta 2 semanas. Sírvela con tu pan de masa madre favorito.

MERMELADA DE CEREZAS Y VINAGRE BALSÁMICO

Para unos 350 g

450 g de cerezas congeladas sin hueso

200 g de azúcar

Zumo de medio limón

De 1 a 2 cdtas. (5 a 10 ml) de vinagre balsámico

Pon las cerezas enteras en una olla mediana con el azúcar, el zumo de limón y 1 cdta. (5 ml) de vinagre, y remueve bien. Cocina unos 10 min a fuego medio-bajo hasta que el azúcar se disuelva y las cerezas empiecen a ablandarse. Sube el fuego hasta mantener un hervor moderado. Sigue cociendo unos 20 min, removiendo de vez en cuando. Retira la espuma que se forme en la superficie.

Fuera del fuego, tritura la mezcla con una batidora de brazo hasta lograr una consistencia homogénea. Vuelve a cocerla unos 5 min a fuego lento para espesarla un poco. Cuando se haya enfriado, prueba la mermelada, y si quieres, añade la cucharadita de vinagre restante. Viértela en un tarro o en un recipiente pequeño y guárdala en el frigorífico hasta 2 semanas. Sírvela con tu pan de masa madre favorito.

TÉCNICAS

Esta sección es tu referencia para dar forma a la masa madre y greñarla. Cada técnica va acompañada de fotos paso a paso para ayudarte a comprender visualmente el proceso. Al fin y al cabo, una imagen vale más que mil palabras...

CÓMO DAR FORMA A PANES REDONDOS

Retira la masa del cuenco y ponla en una superficie enharinada.

Empezando por la parte superior, pliega la masa y apriétala con suavidad hacia el centro.

Gira ligeramente la masa y dobla la siguiente sección.

Repite hasta completar un círculo.

(Continúa...)

CÓMO DAR FORMA A PANES REDONDOS (CONTINUACIÓN)

Da la vuelta a la masa y déjala reposar entre 5 y 10 min.

Con las manos enharinadas, recoge la masa hacia abajo y remete los lados.

Tira de la masa hacia ti con un movimiento circular para que quede apretada.

Pasa la masa con la costura hacia arriba a un cuenco forrado
o una cesta de fermentación.

CÓMO DAR FORMA A PANES OVALADOS

Retira la masa del cuenco y ponla en una superficie enharinada.

Empezando por el lado izquierdo (o derecho), estira la masa y dóblala hacia el centro.

Repite en el otro lado.

Estira y dobla la masa desde la parte inferior.

(Continúa...)

CÓMO DAR FORMA A PANES OVALADOS (CONTINUACIÓN)

Repite en la parte superior.

Da la vuelta a la masa y déjala reposar entre 5 y 10 min.

Con las manos enharinadas, tira de la masa hacia ti para ajustar su forma.

Coloca la masa con la costura hacia arriba en la cesta de fermentación

CÓMO DAR FORMA A PANES DE MOLDE

En una superficie enharinada, aplana la masa para eliminar las burbujas de aire.

Extiende la masa en forma de tronco y mete los extremos por debajo.

Deja reposar la masa durante 5–10 min y luego apriétala para darle forma.

Coloca la masa con la costura hacia abajo en un molde para pan.

CÓMO DAR FORMA A BOLLOS

Divide la masa en porciones iguales.

Junta los extremos de cada porción y aprieta para sellarlos.

Da la vuelta a la masa, cúbrela con la palma de la mano, hazla rodar y haz una bola hasta que empiece a endurecerse.

Coloca la masa en una bandeja para hornear.

CÓMO ESTIRAR Y PLEGAR LA MASA

Con las manos húmedas, toma una porción de la masa y estírala hacia arriba.

Dobla la masa hacia el centro del cuenco.

Gira el cuenco un cuarto de vuelta y repite.

Continúa hasta completar un círculo para terminar 1 serie, o 4 pliegues.

MODELOS DE GREÑADO

Greñar masa madre es un arte que requiere práctica, pero también es muy entretenido. Para lograr los mejores resultados, usa la punta de un cuchillo pequeño y afilado o una hoja de afeitar para los diseños más intrincados. Como ya se ha mencionado, antes de greñar la masa puedes practicar con plastilina.

Línea recta: Haz un corte de 15 a 18 cm a lo largo de la masa y de unos 6 mm de profundidad.

Media luna: Haz un corte curvo y descentrado de unos 6,3 mm, con una mínima presión en la parte superior y la base, pero profundizando hacia el centro.

Destello estelar: Corta una forma de media luna y luego haz 4 cortes diagonales poco profundos en el lado opuesto al corte curvo.

Formas de hoja: Haz una línea recta a lo largo de la masa. A continuación, haz dos filas de cortes en forma de V de unos 2,5 cm de largo a cada lado.

Alas de pájaro: Haz 2 o 3 filas verticales de cortes en forma de V de entre 3 y 5 cm de largo.

En cruz: Haz cuatro cortes poco profundos de 10 cm de largo a las 3, 6, 9 y 12 en punto.

LISTA DE FUENTES

LE CREUSET

Utensilios de cocina y ollas de hierro fundido esmaltado de calidad.
www.lecreuset.com

HARINERA EL MOLINO

Empresa fundada en 1780 en la localidad malagueña de Coín.
www.harineraelmolino.com

FARINERA LA SEGARRA

Tienda *online* de venta de harina ecológica.
www.farineralasegarra.com

HARINA GALLO

Amplia variedad de harinas elaboradas a partir de trigo de la mejor calidad.
www.pastasgallo.com

P.A.N.

Harina precocida de maíz.
co.allofpan.com

EL ROSAL

Harinera de referencia mexicana.
co.allofpan.com

MUNDO FOODS

Ofrece todo tipo de harinas de Latinoamérica.
www.mundofoods.com

COSTCO

Fruta seca a granel, frutos secos muy diversos y papel de horno para toda una vida.
www.costco.com

AGRADECIMIENTOS

GRACIAS A:

Mis predilectos y adorables chicos, Dillon, Jake y Johan, por vuestro apoyo incondicional y paciencia, y por estar siempre a mi lado sin dudarlo. ¡Lo conseguimos! No puedo estar más agradecida. ¿No vais a echar de menos la cocina cubierta de harina y masa?

Mamá y papá, los mejores padres del mundo, por ayudarme de más maneras de las que se puedan imaginar. Mamá, no puedo creer que ahora hagas pan de masa madre. Papá, gracias por arrear a los niños y suministrar café sin fin.

Mi enorme familia amante del pan, siempre dispuesta a probar una rebanada. Encantada con la crítica honrada, Eric, ¡gracias por el horno y cocina nuevos! (¿Y qué pasa con el resto de la cocina ahora?)

Todo el equipo de Page Street Publishing, por la oportunidad de compartir mi historia. Ha sido un proyecto increíble de principio a fin, y estaré siempre agradecida.

Sarah Monroe, mi extraordinaria editora, por hornear conmigo y mantenerme cuerda. Un millón de abrazos para ti, pues las meras «gracias» no son suficientes.

Jade Gedeon, tus ilustraciones son excepcionales y han dado vida a mi visión. ¡Ojalá mis garabatos se pudieran comparar a tu trabajo!

Mis fantásticas probadoras de recetas, Lia Teixeira, Margie Evans y Martine Resta, por dedicar parte de su valioso tiempo a ayudarme.

Mis lectores, estén cerca o lejos. Sois un grupo de personas maravillosas y apasionadas que me inspira cada día.

Ross Charap, por dedicar siempre tiempo a hablar conmigo y ofrecer buenos consejos. Connie estaría orgullosa.

Y, por último, Celia Callow y Priscilla. Sin vosotras, chicas, este libro no existiría.

SOBRE LA AUTORA

EMILIE RAFFA es licenciada del International Culinary Center y autora de *The Clever Cookbook*. Su trabajo ha aparecido en internet y en varias publicaciones impresas, entre ellas *O, The Oprah Magazine*, *Redbook* y *Clean Eating*. Su exitoso blog, *The Clever Carrot*, ofrece humor y consejos ingeniosos para llevar un estilo de vida saludable y equilibrado. Emilie vive en Long Island con su marido y sus dos hijos. Este es su segundo libro.

ÍNDICE

A

aceite con ajo, hierbas y limón, 182–183
aceitunas
    ensalada griega ligera y fresca con crostones de *focaccia*, 176–177
    pan con aceitunas, tomillo y parmesano, 46–47
agua
    calidad, 12
    filtrada, 12
    proporción de alimentación del, 18
    purificada, 12
ajo
    aceite con ajo, hierbas y limón, 182–183
    focaccia básica sin amasar, 90, 92–93
    nudos de masa madre con ajo asado y pecorino, 122–123
    pan con ajo asado y romero, 56–57
    pan de espiga con camembert, 134–135
albahaca
    focaccia de tomate y albahaca sin amasar, 94–95
    pizza de *focaccia* sin amasar con pesto y fontina, 98–99
albaricoques, 185
    mermelada de albaricoque y vainilla, 184
    tostadas de frutas y pipas de girasol, 66–67

alcachofa
    panzanella de alcachofas fritas con alcaparras crujientes y menta, 168–169
    trenza de espinacas y alcachofas preparada de antemano, 144–145
alcaparras
    panzanella de alcachofas fritas con alcaparras crujientes y menta, 168–169
almendras
    pan danés de centeno, 72–73
    pan con chocolate y crema de cacahuete, 52–53
alubias
    salsa de alubias y rúcula para untar, 180–181
    ensalada griega ligera y fresca con crostones de *focaccia*, 176–177
    ribollita toscana de entresemana, 166–167
amasado rápido, 31, 32
arándanos
    pan con calabaza y arándanos rojos, 48–49
    tentempiés de arándanos rojos y nueces pecanas, 110–111
autólisis, 31
avena
    pan de molde multicereales, 68–69
    tentempiés de arándanos rojos y nueces pecanas, 110–111

B

bagels
    bagels de canela y pasas, 119
    bagels de mañana de domingo, 116–119
baguete, 91
    baguetes trenzadas, 130–131
    servida con salsa de alubias y rúcula para untar, 180–181
bandejas esmaltadas, 14
banetones, 36
balanza digital de cocina, 15
bialys
    bialys de masa madre con cebolla caramelizada y queso de cabra, 120–121
bollos, 91
    bollitos separables, 104–105
    bollos de asiago con manzana dulce y romero, 108–109
    cómo darles forma, 193
    panes para sándwiches y hamburguesas, 104
brioche
    brioche de masa madre con helado, 172–173
    brioche ligero y esponjoso, 70–71

C

cacao en polvo
    focaccia sin amasar con pepitas de chocolate, queso crema y nutella, 100–101
    pan con chocolate y crema de cacahuete, 52–53

calabaza
    pan con calabaza y arándanos
       rojos, 48–49
canela
    bagels de canela y pasas, 119
    gofres de masa madre con
       azúcar y canela, 146, 148–149
    rollo de canela y pasas, 50–51
caramelo
    nudo de chocolate y caramelo
       salado, 142–143
cebollas
    bialys de masa madre con cebolla
       caramelizada y queso de cabra,
       120–121
cebollino
    pan con jalapeño, chédar y
       cebollino, 54–55
centeno, 82–83
    pan danés de centeno, 72–73
    pan de pipas de girasol tostadas,
       84–85
cereales integrales y harinas
    especiales, 74–75
    pan con linaza dorada y espelta,
       78–79
    pan de centeno ligero, 82–83
    pan de masa madre integral,
       76–77
    pan multicereales potente,
       80–81
    pan de pipas de girasol tostadas,
       84–85
    pan de sémola dorada con
       sésamo, 86–87
    pumpernickel rústico, 88–89
cereales, mezcla de
    pan multicereales potente,
       80–81
    pan de molde multicereales,
       68–69
cestas de fermentación, 36, 191
chapata, 128–129

chocolate
    pan con chocolate y crema de
       cacahuete, 52–53
col
    ribollita toscana de entresemana,
       166–167
colines blandos de sémola con migas
    mantecosas, 126–127
    servidos con aceite picante de ajo
       y hierbas, 183
congelar, consejos para, 39
conservación, 39
cortador de masa, 15
crostones
    ensalada griega ligera y fresca
       con crostones de *focaccia*,
       176–177
    crostones de *focaccia* con
       pecorino y eneldo, 174–175
crema de chocolate y avellanas
    focaccia sin amasar con pepitas
       de chocolate, queso crema y
       nutella, 100–101
    nudo de chocolate y caramelo
       salado, 142–143
croque monsieur
    focaccia croque monsieur rellena
       con ricota y queso suizo,
       96–97
cuchilla de panadero, 37
cuchillos, 37, 39
cultivo de masa madre, 9, 13
    alimentación, 12, 13, 18, 22
    cómo emplear, 21
    compartir, 9, 16, 21
    creación paso a paso, 16–17
    desatendido, 18, 23
    nombres, 17
    opciones para almacenar, 21
    preguntas frecuentes, 22–23
    secado y reactivación, 21
    señales de que está listo, 18

    sobrante *véase* cultivo sobrante
    tamaño, 22
cultivo desatendido, 18, 23
cultivo Priscilla, 9
cultivo sobrante, 22, 147
    galletas de espelta con sésamo
       para partir, 158–159
    galletas de masa madre de lima
       y requesón, 152–153
    galletas saladas de masa madre
       con gruyer y tomillo, 156–157
    gofres de masa madre con azúcar
       y canela, 146, 148–149
    panes planos de yogur griego,
       160–161
    popovers fáciles con mostaza de
       Dijon y perejil, 150–151
    zeppole de masa madre,
       154–155
cultivos a temperatura ambiente, 21
cultivos de centeno, 22
cultivos de espelta, 22
cultivos refrigerados, 21

D

dátiles
    pan con dátiles, nueces y naranja,
       58–59

E

eneldo
    pan con eneldo y chédar blanco,
       44–45
    crostones de *focaccia* con
       pecorino y eneldo, 174–175
enfriado de la masa, 39
ensaladas
    ensalada de tomate de verano,
       162, 178–179
    ensalada griega ligera y fresca
       con crostones de *focaccia*,
       176–177

panzanella de alcachofas fritas con alcaparras crujientes y menta, 168–169

espinacas
trenza de espinacas y alcachofas preparada de antemano, 144–145

F

fermentación, tiempo de, 22
Fig Jam and Lime Cordial (blog), 9
Fiori di Sicilia, 155
focaccia, 91
focaccia croque monsieur rellena con ricota y queso suizo, 96–97
focaccia de Recco, 102–103
focaccia de tomate y albahaca sin amasar, 94–95
focaccia sin amasar con pepitas de chocolate, queso crema y nutella, 100–101
crostones de *focaccia* con pecorino y eneldo, 174–175
pizza de *focaccia* sin amasar con pesto y fontina, 98–99
focaccia básica sin amasar, 90, 92–93
focaccia de tomate sin amasar, 94–95
crostones de *focaccia* con pecorino y eneldo, 174–175
servida con aceite con ajo, hierbas y limón, 182–183
fougasse casi sin amasar, 136–137

G

galletas saladas
galletas de espelta con sésamo para partir, 158–159
galletas de masa madre de lima y requesón, 152–153
galletas saladas de masa madre con gruyer y tomillo, 156–157

garbanzos
ensalada griega ligera y fresca con crostones de *focaccia*, 176–177

gluten
definición, 33
desarrollo, 31, 33, 65
destensado, 34
por tipos de harina, 12, 29, 73, 75, 79, 83, 88

gofres de masa madre con azúcar y canela, 146, 148–149
greñar la masa, 37, 38, 195
grisines de masa madre crujientes, 124–125

gruyer
galletas saladas de masa madre con gruyer y tomillo, 156–157

H

harina, cómo elegir la, 12, 18
sin blanquear, 12, 22
harina común, 12, 16, 18, 21, 23
harina de centeno
harina de espelta
galletas de espelta con sésamo para partir, 158–159
elegir y conservar, 79
pan con linaza dorada y espelta, 78–79
harina de fuerza, 12, 18
harina integral
pan de masa madre integral, 76–77
pan de trigo integral con miel, 64–65
harina y agua, en cultivo de masa madre, 13, 18
harinas integrales
características, 12, 76

para el cultivo de masa madre, 16, 18
para sabor ácido, 39, 47
helado
brioche de masa madre con helado, 172–173
hidratación
al 100 %, 18, 23
alta, 29
baja, 29
hogazas caseras dulces y saladas, 40–41
pan con aceitunas, tomillo y parmesano, 46–47
pan con ajo asado y romero, 56–57
pan con calabaza y arándanos rojos, 48–49
pan con chocolate y crema de cacahuete, 52–53
pan con dátiles, nueces y naranja, 58–59
pan con eneldo y chédar blanco, 44–45
pan con jalapeño, chédar y cebollino, 54–55
pan con pepitas de chocolate fundido, 42–43
rollo de canela y pasas, 50–51
hoja de afeitar para greñar, 37
hornear la masa, 36, 37, 38, 39
horno, subida en el, 34, 75, 76

I

ingredientes de la masa madre, 12–13
pesar, 14–15
intolerancia al gluten, 9

J

jalapeños
pan con jalapeño, chédar y cebollino, 54–55

jamón
    focaccia croque monsieur rellena con ricota y queso suizo, 96–97

L

levadura
    comercial, 9, 13, 22, 33
    natural, 23
limas
    galletas de masa madre de lima y requesón, 152–153
linaza
    pan con linaza dorada y espelta, 78–79
líquido residual, 17

M

manzanas
    bollos de asiago con manzana dulce y romero, 108–109
masa fermentada en exceso, 36
pasos para hacer masa madre, 30
    segunda fermentación, 36
masa madre
    conservación y congelación, 39
    cortarla, 37, 38
    darle forma, 34–35
    datos, 9
    estirarla y doblarla, 34, 75, 129, 194
    evitar que se pegue, 14
    hornearla, 37, 38, 39
    ingredientes, 12–13
    pasos para hacerla, 30
    preparación, 31–32
    primera fermentación, 33–34
    sacarla del cuenco, 34
    segunda fermentación, 36
    técnica y expresión personal, 10
    utensilios para hornear, 14–15

masa madre de alta hidratación, 25, 28–29
    cesta de fermentación, 36
    tiempo de reposo, 31
medidas de volumen, 14, 15
menta
    panzanella de alcachofas fritas con alcaparras crujientes y menta, 168–169
mermeladas rápidas
    mermelada de albaricoque y vainilla, 184
    mermelada de cerezas y vinagre balsámico, 184
miga, 10, 26, 29, 36, 42, 45, 47, 48, 59, 62, 65, 70, 80, 88, 104, 121, 129, 137
minimuffins de masa madre, 114–115

N

naranjas
    pan con dátiles, nueces y naranja, 58–59
nudos
    nudos de masa madre con ajo asado y pecorino, 122–123
    nudo de chocolate y caramelo salado, 142–143
nueces
    rollo de canela y pasas, 50–51
    pan con dátiles, nueces y naranja, 58–59
nueces pecanas
    tentempiés de arándanos rojos y nueces pecanas, 110–111
nutella
    focaccia sin amasar con pepitas de chocolate, queso crema y nutella, 100–101
    nudo de chocolate y caramelo salado, 142–143

O

ollas
    ovaladas, 14
    precalentado, 37
    redondas, 14
    tiempos de horneado en olla, 37
    tipos y tamaños, 14
olor fuerte, factores que lo producen, 17, 22, 39, 147
orégano
    aceite con ajo, hierbas y limón, 182–183

P

palitos de pan, 91
    grisines de masa madre crujientes, 124–125
    colines blandos de sémola con migas mantecosas, 126–127
pan blanco rústico, 62–63
    para sándwiches abiertos de queso fundido y tomate, 170–171
pan con ajo asado y romero, 56–57
pan con pepitas de chocolate fundido, 42–43
pan danés de centeno, 72–73
pan de espiga con camembert, 134–135
pan de masa madre básico, 25, 26–27
    tiempo de reposo, 31
«Pan de masa madre: guía para principiantes» (tutorial en blog), 10
pan de pipas de girasol tostadas, 84–85
pan de trigo integral con miel, 64–65
pan hecho arte, 133
    fougasse casi sin amasar, 136–137
    nudo de chocolate y caramelo salado, 142–143
    pan de espiga con camembert, 134–135

trenza de espinacas y alcachofas preparada de antemano, 144–145

trenza de frambuesas con galleta, 138–141

pan para sándwiches

cómo darles forma, 192

véase también panes de molde

panecillos para todas las ocasiones, 106–107

panes de molde, 39, 60–61

blanco rústico, 62–63

brioche ligero y esponjoso, 70–71

multicereales, 68–69

pan danés de centeno, 72–73

pan de trigo integral con miel, 64–65

tostadas de frutas y pipas, 66–67

panes ovalados

cómo darles forma, 190–191

segunda fermentación, 36

tiempo de horneado, 37

panes para sándwiches y hamburguesas, 104

panes planos de yogur griego, 160–161

panes redondos

cómo darles forma, 188–189

segunda fermentación, 36

tiempo de horneado, 37

panzanella de alcachofas fritas con alcaparras crujientes y menta, 168–169

paño de cocina, truco del, 34

papel de horno, 14

pasas

pudín de pan con pasas y ron, 164–165

rollo de canela y pasas, 50–51

patatas

ribollita toscana de entresemana, 166–167

pepino

ensalada griega ligera y fresca con crostones de *focaccia*, 176–177

pepitas de chocolate

pan con chocolate y crema de cacahuete, 52–53

pan con pepitas de chocolate fundido, 42–43

focaccia sin amasar con pepitas de chocolate, queso crema y nutella, 100–101

trenza de frambuesas con galleta, 138–141

pepitas de crema de cacahuete

pan con chocolate y crema de cacahuete, 52–53

perejil

aceite con ajo, hierbas y limón, 182–183

popovers fáciles con mostaza de Dijon y perejil, 150–151

pesar los ingredientes, 14–15

pesto

pizza de *focaccia* sin amasar con pesto y fontina, 98–99

pipas de girasol,

pan de pipas de girasol tostadas, 84–85

panzanella de alcachofas fritas con alcaparras crujientes y menta, 168–169

pitas fáciles, 112–113

pizza de *focaccia* sin amasar con pesto y fontina, 98–99

plastilina para practicar, 37, 133

popovers fáciles con mostaza de Dijon y perejil, 150–151

postres

brioche de masa madre con helado, 172–173

pudín de pan con pasas y ron, 164–165

primer reposo (autólisis), 31

primera fermentación, 33

proporción de alimentación 1:1:1, 18, 22

prueba de flotación, 18

prueba del dedo, 36

pudín de pan con pasas y ron, 164–165

pumpernickel rústico, 88–89

puré de calabaza

pan con calabaza y arándanos rojos, 48–49

Q

queso

bialys de masa madre con cebolla caramelizada y queso de cabra, 120–121

bollos de asiago con manzana dulce y romero, 108–109

crostones de *focaccia* con pecorino y eneldo, 174–175

ensalada griega ligera y fresca con crostones de *focaccia*, 176–177

focaccia croque monsieur rellena con ricota y queso suizo, 96–97

focaccia de Recco, 102–103

focaccia sin amasar con pepitas de chocolate, queso crema y nutella, 100–101

galletas de masa madre de lima y requesón, 152–153

galletas saladas de masa madre con gruyer y tomillo, 156–157

nudos de masa madre con ajo asado y pecorino, 122–123

pan con aceitunas, tomillo y parmesano, 46–47

pan con eneldo y chédar blanco, 44–45

pan con jalapeño, chédar y cebollino, 54–55

pan de espiga con camembert,
134–135
pizza de *focaccia* sin amasar
con pesto y fontina, 98–99
sándwiches abiertos de queso
fundido y tomate, 170–171
zeppole de masa madre,
154–155
queso asiago
bollos de asiago con manzana
dulce y romero, 108–109
queso camembert
pan de espiga con camembert,
134–135
queso chédar
pan con eneldo y chédar blanco,
44–45
pan con jalapeño, chédar y
cebollino, 54–55
sándwiches abiertos de queso
fundido y tomate, 170–171
queso crema
focaccia sin amasar con pepitas
de chocolate, queso crema y
nutella, 100–101
queso de cabra
bialys de masa madre con cebolla
caramelizada y queso de cabra,
120–121
queso feta
ensalada griega ligera y fresca
con crostones de *focaccia*,
176–177
queso fontina
focaccia de Recco, 102–103
pizza de *focaccia* sin amasar
con pesto y fontina, 98–99
queso mascarpone
focaccia de Recco, 102–103
queso parmesano
pan con aceitunas, tomillo y
parmesano, 46–47

queso pecorino
nudos de masa madre con ajo
asado y pecorino, 122–123
crostones de *focaccia* con
pecorino y eneldo, 174–175
queso suizo
focaccia croque monsieur rellena
con ricota y queso suizo,
96–97

R

rábanos
ensalada de tomate de verano,
162, 178–179
ensalada griega ligera y fresca
con crostones de *focaccia*,
176–177
reposo intermedio, 34
requesón
galletas de masa madre de lima
y requesón, 152–153
retardar la masa, 36
retirar y desechar parte del cultivo,
16, 18, 21, 22
ribollita toscana de entresemana,
166–167
ricota
focaccia croque monsieur rellena
con ricota y queso suizo,
96–97
zeppole de masa madre,
154–155
romero
aceite con ajo, hierbas y limón,
182–183
bollos de asiago con manzana
dulce y romero, 108–109
focaccia básica sin amasar, 90,
92–93
pan con ajo asado y romero,
56–57

pan de espiga con camembert,
134–135
rúcula
salsa de alubias y rúcula para
untar, 180–181

S

sal, 13
salsa de alubias y rúcula para untar,
180–181
sándwiches abiertos de queso fundido
y tomate, 170–171
segunda fermentación, 36
semillas de amapola
bagels de mañana de domingo,
116–119
bialys de masa madre con cebolla
caramelizada y queso de cabra,
120–121
semillas de calabaza
pan con calabaza y arándanos
rojos, 48–49
pan danés de centeno, 72–73
semillas de girasol
bagels de mañana de domingo,
116–119
pan danés de centeno, 72–73
tentempiés de arándanos rojos
y nueces pecanas, 110–111
tostadas de frutas y pipas de
girasol, 66–67
pan de pipas de girasol tostadas,
84–85
semillas de hinojo
bagels de mañana de domingo,
116–119
bialys de masa madre con cebolla
caramelizada y queso de cabra,
120–121
semillas de lino
bagels de mañana de domingo,
116–119

bialys de masa madre con cebolla caramelizada y queso de cabra, 120–121

pan con linaza dorada y espelta, 78–79

pan danés de centeno, 72–73

semillas de sésamo
 bagels de mañana de domingo, 116–119
 bialys de masa madre con cebolla caramelizada y queso de cabra, 120–121
 galletas de espelta con sésamo para partir, 158–159
 pan danés de centeno, 72–73
 pan de sémola dorada con sésamo, 86–87

sémola
 colines blandos de sémola con migas mantecosas, 126–127
 pan de pipas de girasol tostadas, 84–85
 pan de sémola dorada con sésamo, 86–87
 servida con ensalada de tomate de verano, 162, 178–179

sopa
 ribollita toscana de entresemana, 166–167

T

técnicas de amasado, 31, 34
 véase también masa madre

técnicas, 187
 modelos de greñado, 195
 dar forma
  bollos, 193
  pan para sándwiches, 192
  panes redondos, 188–189
  panes ovalados, 190–191
 estirar y doblar la masa, 194

temperatura
 en la primera fermentación, 33
 horneado, 37, 39

tensar la masa, 34–35

tentempiés de arándanos rojos y nueces pecanas, 110–111

termómetros, 37, 39

The Clever Carrot (blog), 9, 10

tomates
 ensalada de tomate de verano, 162, 178–179
 ensalada griega ligera y fresca con crostones de *focaccia*, 176–177
 focaccia de tomate sin amasar, 94–95
 sándwiches abiertos de queso fundido y tomate, 170–171

tomillo
 galletas saladas de masa madre con gruyer y tomillo, 156–157
 nudos de masa madre con ajo asado y pecorino, 122–123
 pan con aceitunas, tomillo y parmesano, 46–47

tostadas de frutas y pipas, 66–67

trenza de espinacas y alcachofas preparada de antemano, 144–145

trenza de frambuesas con galleta, 132, 138–141

trigo integral
 pan de trigo integral con miel, 64–65

U

utensilios, 14–15

V

vapor, efecto del, 14

Y

yogur
 panes planos de yogur griego, 160–161

Z

zeppole de masa madre, 154–155